인류에 최초로 밝혀지는
"인성수학 인생수학"

나부터 시작되는
인류 대혁명 이론

새로운 세계질서를 위한 교육 방법론

인성수학 인생수학

초판 1쇄 발행 2018년 7월 21일
초판 2쇄 발행 2018년 8월 24일

지은이 김재숙

펴낸이 홍미라
펴낸곳 도서출판 인생

디자인 디자인 상상

주 소 (32805) 충남 계룡시 엄사면 전원로 17-1, 1층
전 화 042-551-3334 **팩스** 0504-237-3031
등록번호 제2018-00001호(2018. 5 .9)
전자우편 mlhong@naver.com
I S B N 979-11-963939-0-8 (03370)

© 김재숙, 2018

- 책값은 뒤표지에 있습니다.
- 파본이나 잘못 인쇄된 책은 구입하신 서점에서 교환해드립니다.
- 이 책 내용의 일부 또는 전부를 재사용하려면 반드시 저작권자의 동의를 얻어야 합니다.

「이 도서의 국립중앙도서관 출판예정도서목록(CIP)은 서지정보유통지원시스템 홈페이지(http://seoji.nl.go.kr)와 국가자료공동목록시스템(http://www.nl.go.kr/kolisnet)에서 이용하실 수 있습니다.(CIP제어번호: CIP2018021946)」

인성수학 인생수학

김재숙 저

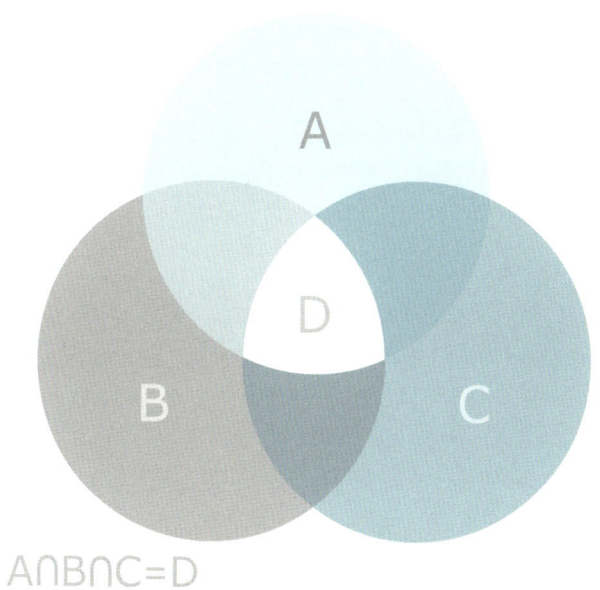

A∩B∩C=D

이 책에 실린 [인생공식]은 이상대 선생님께서 쓰신 글로 저자의 허락을 얻어 싣게 되었습니다.
[인성교육자료]를 학생들과 공유하며, 수학적 인성교육을 실천하고 있습니다.

제 영혼을 일깨워서
수학적 인성교육을 통해
"인성수학 인생수학"의
새로운 길을 갈 수 있도록 열어주신
참스승이신 이상대 선생님께
이 책을 바칩니다.

여는 글

생각을 바꿔주는 것

"생각이 바뀌는 것으로부터
행동이 바뀌는 것입니다."

교직에 들어서고 3년이 되던 해에 스승님을 처음 만나게 되었습니다.

제가 학생들을 교육하면서 고민하는 모습을 보시고 스승님께서 제게 해주셨던 말씀입니다. 저는 이 말씀이 이해가 되기까지 6개월이라는 시간이 걸렸습니다.

생각이 원인이고, 행동이 결과이니, 원인이 개선되도록 도와주어야 행동이 개선될 수 있는데, 생각(원인)은 그대로 두고, 체벌, 벌점, 징계 등으로 행동(결과)만 바꾸려고 하면, 그 순간에는 그런 행동을 보이지 않을 수 있지만, 생각이 변하지는 않았기 때문에, 또 다시 같은 행동이 반복됩니다.

인성수학에서 이루어지는 이 '수학적 인성교육'은 생각을 바꿔주는 교육입니다.

수학이란 논리적이고 명확하고 핵심적으로 표현하는 학문입니다.

학문적인 수학만을 열심히 공부하고 가르치던 저를 스승님은 수학으로 일깨워 주셨습니다. 제가 점점 깨어날수록 수학이란 학문이 우리의 생각과 삶을 표현하는데 있어서 얼마나 적절한가를 더욱 깊이 깨닫게 되었습니다. 그러면서 인성수학이 사람의 생각을 변화시키는 가장 빠른 길임을 알게 되었고, '인성수학 인생수학'으로 인성교육의 새로운 장이 열렸음을 모두에게 전하고 싶어서 이 책을 집필하게 되었습니다.

수학공식, 인생공식

 미적분학 수업을 하면서 공식이 많이 나오자, 칠판에 공식을 적어놓고, 학생들이 이를 참고하여 문제를 풀도록 한 적이 있습니다. 학생들에게 공식이 나오게 된 원리를 설명해주면, 학생들은 공식을 이해하고 예제 풀이를 따라서 문제에 공식을 적용하면 답이 나오게 됩니다. 문제에 공식을 적용하여 풀어가면서, 공식을 더 깊이 이해하게 됩니다. 나중에는 아무리 다양한 문제가 주어져도 공식에 대한 깊은 이해와 응용력이 생겨서 문제를 잘 해결하게 됩니다.

 인생을 살아가면서 만나는 문제에서, 수학문제를 풀 때 공식을 적용해서 답이 나오는 것처럼, 인생에서 만나는 문제에서도 공식이 있으면 좋겠다고 생각해본 적이 있나요?

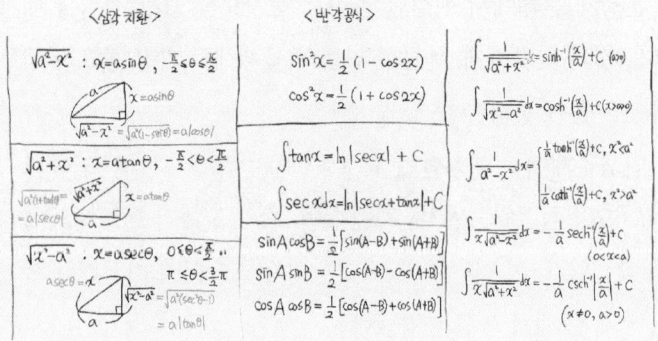

인생에도 공식이 있습니다.

인생을 행복하게 살아갈 수 있도록 도와주는 공식입니다.

복잡해 보이는 인생의 문제들을 하나 하나 정리해 보세요.

문장제 문제에서 핵심만 골라서 문자로 놓고 방정식을 세우는 것과 비슷하게, 복잡한 인생의 문제에서 가장 중요한 핵심만을 뽑아 정리할 수 있습니다.

인생문제에서 핵심적인 요소와 해결방법은 다음에 안내하는 '하고법칙', '되고법칙', '나부터법칙', '있고법칙'으로 요약될 수 있습니다. 이 법칙들은 제 인생의 참스승이신 이상대 선생님(1936년생)께서 쓰신 글입니다.

제가 지금의 모습이 된 것은, 저의 스승님의 삶과 말씀을 기초로 해서 된 것입니다.

저는 스승님께 지난 15년간 가르침을 받아왔습니다.

스승님의 가르침을 통해, 저에게 수학은 지적인 활용에만 사용했던 것에서 인생을 살아가는 삶의 자세로 그 의미가 깊어졌습니다. 저에게 수학의 의미가 변화되었던 것처럼, 수학이 여러분의 인생에 더 유용한 것이 되기를 바랍니다.

교집합

행복한 삶을 위한 조건들의 교집합은 무엇일까요?
모든 좋은 관습과 문화의 교집합은 무엇일까요?
모든 나라의 도덕의 교집합은 무엇일까요?
모든 종교의 교집합은 무엇일까요?
싸우지 않고 살기 위한 삶의 조건들의 교집합은 무엇일까요?
세계 평화가 이루어지기 위한 조건들의 교집합은 무엇일까요?
과거에도 현재에도 변하지 않는 가치들의 교집합은 무엇일까요?

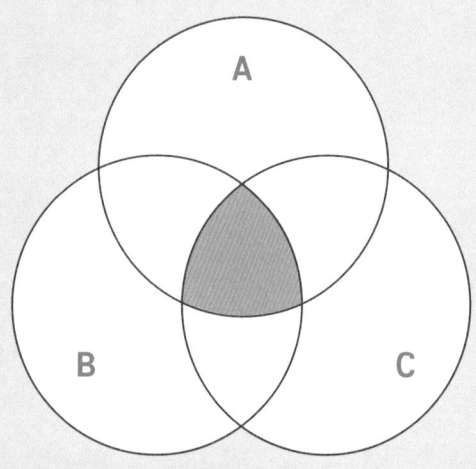

그림1 《행복한 삶을 위한 교집합》

교집합은 다음 쪽에 제시되는 '하고법칙' 입니다.

인생공식 1

하고 법칙

진실하고 성실하고
부지런하고 정직하고
돕고 위하고
공경하고 섬기고
사랑하고 용서하고
이해하고 배려하고
적극적이고 긍정적이고
능동적이고 창조적이면

가는 곳곳마다 살 곳이 있고
여기서부터 복이 오고

게으르고 태만하고
거짓말하고 속이고
미워하고 원망하고
이용하고 비방하고
멸시하고 천대하고
소극적이고 수동적이고
부정적이면

가는 곳곳마다 있을 곳이 없고
오던 복도 달아난다.

머리를 안 쓰면 손발이 고생을 더하고
이를 명심하지 않으면 인생이 고달프다.
선택은 自由인 것이다.

어떤 것을 선택할 것인가
오던 복도 달아나게 선택할 것인가?
가던 복도 돌아오게 선택할 것인가?

저자 이상대

인생공식 2

되고 법칙

돈이 없으면 돈은 벌면 되고
잘못이 있으면 잘못은 고치면 되고

안 되는 것은 되게 하면 되고
모르면 배우면 되고

부족하면 메우면 되고
힘이 부족하면 힘을 기르면 되고

잘 모르면 물으면 되고
잘 안되면 될 때까지 하면 되고

길이 안보이면 길을 찾을 때까지 찾으면 되고
길이 없으면 길을 만들면 되고

기술이 없으면 연구하면 되고
생각이 부족하면 생각을 하면 되고

이와 같이 "되고 법칙"에 대입하여
인생을 살아가면 안 되는 것이 없는 것이다.

내가 믿고 사는 세상을 살고 싶으면
거짓말 속이지 않으면 되고

미워하지 않고 사는 세상을 원하면
사랑하고 용서하면 되고

사랑받으며 살고 싶으면
부지런하고 성실하고 진실하면 되고

세상을 여유롭게 살고 싶으면
이해하고 배려하면 되고

해 보라!
된다!

저자 이상대

인생공식 3

나부터 법칙 (+ 0 -)

이상세계를 만들어가는 사람들은
나부터 거짓말하지 않으면 되고   나부터 진실한 삶이 즐거워지면 되고

    속이지 않으면 되고   성실한 삶이 즐거워지면 되고
    미워하지 않으면 되고   부지런한 삶이 즐거워지면 되고
    원망하지 않으면 되고   정직한 삶이 즐거워지면 되고
    이간 비방하지 않으면 되고   사랑하는 삶이 즐거워지면 되고
    멸시 천대하지 않으면 되고   용서하는 삶이 즐거워지면 되고
    무시하지 않으면 되고   이해하는 삶이 즐거워지면 되고
    사리 사욕하지 않으면 되고   배려하는 삶이 즐거워지면 되고
    음란 방탕하지 않으면 되고   공경하는 삶이 즐거워지면 되고
    간섭 억압하지 않으면 되고   겸손한 삶이 즐거워지면 되고
    교만 자만하지 않으면 되고   철저한 삶이 즐거워지면 되고
    인색하지 않으면 되고   명확한 삶이 즐거워지면 되고
    태만하지 않으면 되고   내 부족을 개선하면 되고
    게으르지 않으면 되고   내 일 내가 하면 되고
    나태 안일하지 않으면 되고   내 인생 내가 살면 되고
    남에게 기대지 않으면 되고   자주독립하면 되고
    남에게 바라지 않으면 되고   남을 먼저 생각하면 되고
    주지 않은 것 가지지 않으면 되고   주는 것을 좋아하면 되고
    남에게 해롭게 하지 않으면 되고   돕는 것을 즐거워하면 되고
    남을 이용하지 않으면 되고   옳은 것을 즐거워하면 되고
    남에게 미루지 않으면 되고   적극적인 삶이 즐거워지면 되고
    수동적이지 않으면 되고   긍정적인 삶이 즐거워지면 되고
    소극적이지 않으면 되고   능동적인 삶이 즐거워지면 되고
    부정적이지 않으면 되고   창조적인 삶이 즐거워지면 되고

선택은 자유!

저자 이상대

인생공식 4

있고 법칙

산은 정복하기 위해 있고
고개는 넘기 위해 있고
강은 건너기 위해 있고

눈은 살펴보라고 있고
귀는 들어보라고 있고
입은 말해보라고 있고
머리는 생각해보라고 있고
다리는 걸으라고 있고
손은 일하라고 있고

기록은 깨기 위해 있고
일은 하기 위해 있고
문제는 풀기 위해 있고
모르는 것은 알기 위해 있고
고생은 이기기 위해 있고

게으름은 이기기 위해 있고
안일은 극복하기 위해 있고
부지런은 잘 살기 위해 있고
거짓은 없이하기 위해 있고
정직은 믿고 살기 위해 있고
미움은 정복하기 위해 있고
사랑은 즐겁게 살기 위해 있고
창조는 더 나은 것을 찾기 위해 있다.

자기 마음속에
없는 산을 만들어 놓고 정복하지 못하고 있는 사람
없는 강을 만들어 놓고 건너지 못하고 있는 사람
없는 선을 그어 놓고 넘지 못하고 있는 사람

그대는 어떻게 살고 있는 사람인가?

저자 이상대

인생공식 4가지를 읽고 여러분들이 어떤 생각을 하셨는지 궁금합니다. 서면이 아니라 제 앞에 계시다면 묻고 싶고 대화하고 싶습니다.

여러분의 마음을 유추해 볼까요?

1. 감동적이다.
2. 옳은 말씀이다.
3. 정말 그렇구나. 이것을 매일 읽고 노력해야겠다.
4. 뭐야? 누구나 이런 말 못해?
5. 이렇게 살아가는 사람이 어디 있어?
6. 이것을 모르는 사람이 어디 있어? 세상 물정 모르는 군
   …….

다양한 생각을 하실 수 있을 것 같습니다.

저는 '하고법칙'의 살아있는 증거가 되고 싶습니다.

'있고법칙'을 학생들에게 가르쳐주었더니, 한 학생이 이런 말을 합니다.

"초심은 잃어버리기 위해 있고."

위의 법칙들을 듣고, 사람마다 살아왔던 경험을 통해 위와 같은 말들이 나올 수 있다고 생각이 되었습니다. 초심을 지키려고 노력하다가 안되는 자신의 모습을 보면서 하는 말이라고 생각되었습니다. 저 또한 초심을 지키기가 얼마나 어려운지 알고 있으니까요. 그러나 넘어졌다가도 다시 일어나고, 실수해도 그 자리에 계속 있을 수 없다고 생각되어 자꾸만 다시 일어나다보니 어느새 저도 모르게 초심을 지켜가는 다양한 방법을 찾게 되고, 덕분에 좋은 습관이 생겼습니다.

저는 인생공식 4가지가 '삶의 항등식'이라고 생각합니다. 삶에서 항상 성립하는 공식이라고 생각합니다. 이 삶의 항등식을 여러분의 인생에 적용하여 그 결과가 어떻게 되는지 살펴보며, 행복한 삶이 그 결과로 얻어지는 '수학적인 삶'을 살아가시기를 소원합니다.

다음 글은 제가 학생들에게 '삶의 수학'이라는 글 중 하나로 제시하였던 글입니다.

≫ 삶의 항등식 →

여러분은 항상 성립하는 인생의 등식을 경험해본 적이 있습니까?

선생님은 '뿌린 대로 거둔다'라는 항등식을 지금까지 경험하고 있습니다. 모두에게 똑같은 시간이 주어져 있고, 그 시간을 본인이 어떻게 사용하느냐에 따라 결과는 그대로 나타납니다.

중학교 2학년 때, 수학선생님이 싫다고 공부를 하지 않았습니다. 그랬더니 그때 공부하지 않은 수학 때문에 중3이 되어서 과학고를 가고자 했지만, 중2 수학점수가 낮아 자격요건이 되지 않아서, 과학고에 지원할 수 없었습니다. 또한 중2 때의 수학내용이 나올 때마다 자신이 없고, 문제를 틀리는 것을 보고, 나중에는 중2 내용을 혼자서 다시 공부를 했습니다. 나중에 교사가 되어서 중2 학생들의 담임교사가 되었을 때는, 예전에 선생님께 버릇없게 굴었던 모습을 학생들로부터 그대로 받게 되면서 선생님의 마음이 어땠을지 경험하며 반성하며, 어른이 되어서야 그때의 잘못을 진심으로 사과 드리게 되었습니다.

대학교 4학년 때부터 새벽 5시에 일어나는 것을 연습하다 보니, 지금은 아침에 일찍 일어나는 것이 어렵지 않게 되었습니다. 청소년기에 방청소도 잘 하지 않았기에 막상 어른이 되었을 때 고생을 하게 되었지만, 부족을 깨달았을 그때부터 차차로 정리하는 것을 연습하다 보니, 지금은 정리정돈을 잘 하게 되었습니다. 사람의 마음을 잘 모르고 사랑할 줄 몰랐지만 10년이 넘게 꾸준히 노력을 하다 보니 이제는 마음에 사랑하는 마음이 생기고, 주변에 관심을 가질 줄 아는 사람으로 변화되었습니다.

여러분, 정말 신기하게도 내가 시간을 들인 만큼 노력한 만큼 그 결과가 내게 돌아왔습니다. 그래서 선생님에게는 '뿌린대로 거둔다'는 명제는 항상 성립하는 인생의 항등식 중의 하나입니다. 제대로 뿌리고, 제대로 가꾸었다면 그 결과는 항상 정직하게 내게 돌아왔기 때문입니다. 여러분은 여러분의 인생에서 어떤 것을 뿌리고 가꿔서 어떤 열매를 맺고 싶습니까?

여는 글
  생각을 바꿔주는 것 6
  수학공식, 인생공식 8
  교집합 11
인생공식 : 하고법칙, 되고법칙, 나부터법칙, 있고법칙 13

  1. 양(plus), 영(zero), 음(minus) 인성교육 25
  2. 일차함수 인성교육 31
  3. 이차함수 인성교육 52
  4. 최대공약수, 최소공배수 인성교육 59
  5. 연속성, 불연속성 인성교육 66
  6. 미분 적분 인성교육 77
  7. 양의 무한대 인성교육 85
  8. 문제해결법 인성교육 90
  9. 연산, 항등원, 역원 인성교육 98
  10. 공역, 치역 인성교육 102
  11. 수학적 귀납법 인성교육 106
  12. 표본, 확률 인성교육 110
  13. 모범답안의 비유 114

닫는 글 118
인성수학의 좋은 점 121

1. 하고법칙 — 13
2. 되고법칙 — 14
3. 나부터법칙 — 15
4. 있고법칙 — 16
5. 삶 속의 zone1 — 242
6. 삶 속의 zone2 — 244
7. 의식과 능력의 차이 — 246
8. 이차함수와 생각과 삶 — 248
9. 절댓값 함수와 인생 — 250
10. 생각의 연속성과 불연속성 — 252
11. 불연속성과 연속성 — 254
12. 생각과 삶 속에서의 미분과 적분 — 256
13. 진정한 자존심 — 258
14. 교만의 폐단(−) — 260
15. 겸손의 이익(+) — 262
16. 공부법1(+) — 264
17. 문제를 점검하는 자세 — 266
18. 내 농사를 짓자는 것이다 — 268

인성교육자료(그림)

1. 행복한 삶을 위한 교집합 (그림1) — 12
2. 양(+), 영(0), 음(−) (그림2) — 25
3. 행동과 의식의 일차함수 그래프 (그림3) — 31
4. 행동과 의식의 상수함수 그래프 (그림4) — 37
5. 기울기가 다른 일차함수 그래프 (그림5) — 40
6. 기울기가 같고 y절편이 다른 일차함수 그래프 (그림6) — 41
7. 한 점에서 만나는 일차함수 그래프1 (그림7) — 43
8. 한 점에서 만나는 일차함수 그래프2 (그림8) — 44
9. 물질적인 것과 정신적인 것의 일차함수 그래프 (그림9) — 45
10. 시간과 의식의 이차함수 그래프 (그림10) — 52
11. 절댓값 함수의 그래프 (그림11) — 54
12. 시간과 의식의 이차함수 그래프 (그림12) — 54
13. 절댓값 함수의 그래프 (그림13) — 55
14. 불연속 그래프 (그림14) — 67
15. 맨홀에 빠진 상태 (그림15) — 68
16. 양의 적분 그래프 (그림16) — 78
17. 음의 적분 그래프 (그림17) — 79
18. 진동하는 그래프 (그림18) — 79

인성수학 인생수학

실수를 두려워 할 것 없다. 실수를 한다는 것은
이제까지 내가 무엇을 모르고 있었는지를 아는 순간이다.
알았으니 고치면 된다.

– 이상대 선생님 –

1. 양(plus), 영(zero), 음(minus) 인성교육

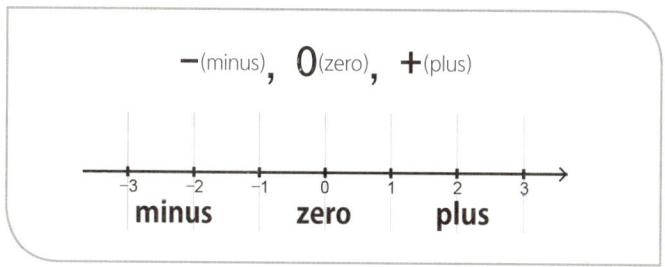

그림2 《양(+), 영(0), 음(-)》

수학에는 +, 0, -가 있습니다.

인생에도 +, 0, -가 있습니다.

내가 선택할 때, 크게 2가지 방향(+, -)이 있습니다.

정직이냐? 거짓이냐?

부지런이냐? 게으름이냐?

사랑이냐? 미움이냐?

이해냐? 불평이냐?

용서냐? 원망이냐?

공평이냐? 차별이냐?

공의냐? 사심이냐?

적극적이냐? 소극적이냐?

긍정적이냐? 부정적이냐?

능동적이냐? 수동적이냐?

사랑도 미움도 아니면 0(zero)입니다.
사랑했다가 미워했다가 하면 여전히 0입니다.
수학을 공부했다면, +, 0, -의 개념을 알고 있지요.
이제 내 인생에서 무엇이 플러스인지, 제로인지, 마이너스인지 분명히 알아서, 플러스를 선택해가는 것이 바로 '삶의 수학'입니다.

가치기준 세워주기

수학수업 첫 시간에 기준을 명확하게 세워주어야 합니다.
플러스가 무엇인지, 마이너스가 무엇인지, 제로가 무엇인지,
기준이 명확해야 선택을 할 수 있습니다.
기준이란 언제 어디서든 옳다고 인정되는 가치입니다.
'하고법칙'에 제시되는 '진실, 성실, 부지런, 정직, 돕고 위함, 공경과 섬김, 사랑, 용서, 이해, 배려, 적극, 긍정, 능동, 창조'의 가치는 시대와 나라와 종교를 초월해서 누구에게나 유익하고 옳은 가치기준입니다. 진정한 행복과 세계 평화는 이러한 가치가 실현되는 곳에서 이루어집니다. 가장 먼저 내 마음에서 이루어지는 것이고, 그래야 다른 사람의 마음에 이루어지도록 도울 수 있습니다. 생각이 바뀌고 마음 자세가 바뀌면 말과 행동과 삶이 바뀌고, 내가 바뀌면 내 주변의 사람들이 바뀌고, 그러면 사회와 제도는 저절로 변화됩니다.

사례

'행동을 바꿔주는 것이 중점이 아니라 생각을 바꿔주는 것이다.'를 생각하며 실천하던 중에 있었던 일입니다. 벌써 10여년 전의 일이지요.

아침 일찍 출근해서 교무실에 있다가 창문으로 내려다보니, 밖에서 등교하던 한 학생이 무단횡단을 하는 모습을 보고, 위험하다는 생각에 학생을 불러서 대화를 했습니다.

"왜 무단횡단을 했니?"

라고 묻자, 제가 지켜본 것을 몰랐던 학생은 "저 무단횡단 안했는데요."라고 바로 거짓말을 합니다. 그 학생의 모습을 보고 저는 많은 궁금증이 생겼습니다.

왜 거짓말을 할까?
바로 들통이 날 거짓말을 왜 할까?

이렇게 저에게 스스로 질문을 하고 나니, 많은 것들이 생각이 되었습니다. 그 학생의 아버지께서는 학생이 잘못을 하면 바로 크게 혼을 내는 분이셨습니다. 그래서 그 학생은 그 순간에 혼나는 것을 피하기 위해 무조건 안했다고 거짓말을 하는 습관이 들었던 것이었습니다.

즉, 자기도 모르게 거짓말을 하는 것이 자신에게 유리하다고 생각한 것이지요. 그래서 다음부터 그 학생에게 거짓말을 하는 것이 정말로 좋은 것인지에 대해서 대화를 하게 되었습니다. 다방면으로 기회가 될 때마다 몇 차례에 걸쳐서 대화를 했습니다.

거짓말을 하는 것은 정말 나에게 좋은 것일까?
거짓말을 하면 어떻게 되니? 결국에는 거짓말이 드러나지 않니?
거짓말을 한 것이 드러나면 나를 믿어줄 수 있니?
그러면 앞으로 네가 말을 하면 믿어지지 않아서 확인하기 위해 다른 사람에게 물어보게 되고, 이렇게 감시 감독을 받는데, 그런 것이 좋으니?
지금 이렇게 네가 하는 말이 내게는 가치가 없게 느껴진단다. 왜냐하면 네 말이 거짓말일 수도 있다고 생각이 되기 때문에 그래. 네 말이 가치 없게 느껴지는 것이 좋으니?
거짓말을 왜 하게 될까? 내가 떳떳하게 드러낼 수 없는 일을 하기 때문이 아니니? 그런 것을 거짓말로 보호하면서 계속 해야 할까?
거짓말을 왜 하게 되지? 게을러서 숙제를 하지 않았는데 게을러서 그런 것이 아니라 무슨 다른 일이 있었다고 핑계를 대기 위해 하지 않니? 그러면 나의 진짜 실력을 갖출 수가 있니?

거짓말로 내 부족을 감추어서, 내 부족을 개선할 기회를 잃어버리는 것이 내 자신에게 좋은 일일까?

그렇게 여러 가지 방법으로 아이와 대화하였습니다. 무단횡단 사건이 있고 몇 개월 뒤에 문득 아이에게 물어보았습니다.

"요새도 거짓말을 하니?"

그러자 아이는
"저 이제 거짓말 안 해요. 거짓말하면 내게 손해인데, 내가 왜 거짓말을 해요?"
라고 이야기하였습니다. 저는 그 이야기를 듣고, 정말 기뻤습니다. 그리고 이전에는 제가 아이의 잘못된 행동을 보고 혼냈었다면, 이번에는 아이가 거짓말을 하게 되는 원인인 아이의 '생각'을 도와주려고 노력하였던 것이, 진정한 교육이라고 생각되었습니다. 왜냐하면 원인이 되는 생각을 도와주지 못하고, 결과인 행동만 나무라면, 교사 앞에서는 그 행동을 하지 않을 수도 있겠지만, 교사가 보지 않는 곳에서는 또 다시 같은 행동을 반복할 테니까요.

'옳은 가치기준을 선택하는 것이 정말로 내 인생에 플러스가 되는 것이구나' 하고 하나씩 그 아이가 좋아하는 방향에 맞추어 방법을 알려주니, 아이가 스스로 플러스를 선택해가는 것을 보게 되었습니다.

나에게는 어떻게 좋은지, 남에게는 어떻게 좋은지, 가정에서는 어떻게 좋은지, 학교, 국가, 전 세계적으로는 어떻게 좋은지를 밝혀주고 설득해 가는 것이 중요합니다. 그런데 그렇게 이야기를 해주려면, 교사인 나부터 자신의 삶에서 플러스를 택해서 실천해가는 삶이 있어야 합니다.

이 글을 읽고 계시는 당신께서는 삶 속에서 '정직'을 실천하고 계십니까? 이 때, '선의의 거짓말'이 바로 떠오르신다면, 거짓을 두둔하는 핑계를 생각하시는 것입니다. 우선, 어떤 상황에서도 정직하겠다고 다짐하고, 정직을 선택해 가는 삶을 살아갈 때부터, 내 인생이 플러스가 되는 것을 직접 체험하게 되실 것입니다.

2. 일차함수 인성교육

$$y = ax + b$$

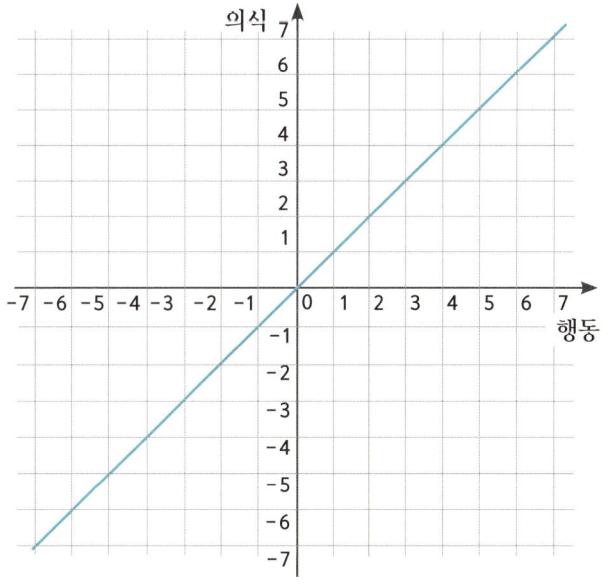

그림3 《행동과 의식의 일차함수 그래프》

생각이 원인, 그리고 행동은 그 생각에 따른 결과입니다. 그런데 여기서 하나 짚고 넘어가야 합니다. 예를 들어, 어떤 선한 생각을 하나 했습니다. 그런데 그것이 실천으로 이어지지 않으면 그 선한 생각은 그냥 스쳐 지나가는 하나의 생각에 불과하고, 나의 확실한 삶의 가치관으로 이루어지지 않습니다. 그렇기 때문에 선한 생각은 반드시 행동으로 실천이 되었을 때에야 비로소 나의 의지가 담긴 선한 가치관으로 내 안에 자리 잡게 됩니다. 선한 생각이 분명하게 나의 의지와 삶의 방향(가치관)으로 자리 잡게 되면, '선한 의식'이 이루어진 상태라고 볼 수 있습니다. 이것을 '영혼의 성장'이라고도 부를 수 있습니다. 사랑하지 못했던 자신이 어떤 상황에서도 사랑할 수 있는 사람으로 변화되면, 자신의 '영혼'이 성장을 한 것이지요. 이렇게 선한 의식이 이루어지면, 삶을 살아가는 모든 순간에 그 의식대로 생각하고 말하고 행동하며 살아가게 됩니다. 그래서 수학적 인성교육의 결과이며 수학적 삶의 결과인 '의식의 성장'은 매우 중요합니다.

생각이 원인이라고 생각해서 x축에 생각을 놓고, y축에 행동을 놓는 것이 아니라, 한 단계 더 나아가서 x축에는 '선한 생각이 이끌어내는 선한 행동', y축에는 그에 따라 형성되는 '선한 의식'으로 대응을 시키겠습니다. 선한 생각을 한 것을 그냥 지나치지 않고 실천하여 선한 행동까지 이루어지면, 그때에서야 그 결과로 나의 의식이 플러스로 성장이 됩니다. 그럼 $y=x$ 일차함수란, 선한 생각(플러스의 생각)에 따라 선택한 하나의 선한 행동을 실천해 봄으로써 하나의 선한 의식이 성장하는 그래프입니다. 반대로 마이너스의 생각에 따라 선택한 하나의 마이너스의 행동을 실천하면, 그로 인해 마이너스의 의식으로 내려갑니다. 이 함수를 자신에게 적용하는 내적 질문을 정리해보고자 합니다.

내게 적용하고 실천하여 답이 나오면, 나 자신을 가르쳤던 방법대로 학생들에게도 대화해나가면 됩니다.

$y=x$ 이 일차함수를 내게 적용하면 어떻게 되는가?
나부터 $y=x$ 에 대입하면 어떻게 되는가?
나부터 x 에 다음과 같이 대입하면 어떻게 되는가?

나부터 속이지 않으면 어떻게 되는가?
나부터 거짓말하지 않으면 어떻게 되는가?
나부터 진실하면 어떻게 되는가?
나부터 성실하면 어떻게 되는가?
나부터 부지런하면 어떻게 되는가?
나부터 정직하면 어떻게 되는가?

이렇게 대입하고 나면 y 의 값은 어떻게 되는가?

나와 남의 관계는 어떻게 되는가?
상(上)과 하(下)의 관계는 어떻게 되는가?
부모 자식 관계는 어떻게 되는가?
친구와의 관계는 어떻게 되는가?
부부와의 관계는 어떻게 되는가?
국가적인 관계는 어떻게 되는가?
정치적인 관계는 어떻게 되는가?
경제적인 관계는 어떻게 되는가?

신뢰가 이루어진다.
사랑이 이루어진다.
믿음이 이루어진다.
남들보다 앞서게 된다.
남들보다 부자가 된다.
남들보다 부귀공명이 따른다.
남들보다 명철해진다.
남들과 협력이 이루어진다.
남들과 싸우지 않는다.
남들과 시비가 없어진다.
스트레스가 사라진다.
미움이 사라진다.

원망이 사라진다.
투쟁이 사라진다.
평화가 이루어진다.
서로 사랑이 이루어진다.

법원이 적어진다.
법이 적어진다.
경찰이 적어진다.
변호사가 적어진다.
정치가가 적어진다.

경찰이 사라지면 어떻게 되는가?

파출소, 책상, 잉크, 종이, 옷 입는 것, 먹고 입고 자는 것에 대한 불필요한 세금이 사라진다.

변호사가 사라지면 어떻게 되는가?
법원이 사라지면 어떻게 되는가?
정치가가 사라지면 어떻게 되는가?

감시 감독하는 직업보다 생산적인 직업이 많아진다.

소모적인 일보다 생산적인 일에 세금을 쓰게 된다.

불필요한 세금이 사라진다.
국가와 개인이 부강해진다.
여유로운 시간을 갖게 된다.

서로 간에 믿음이 이루어져서
시비와 투쟁이 사라지고 화평이 이루어진다.
그러면 전쟁과 무기가 모두 사라진다.
이 인류에게 무수한 부작용이 사라진다.
역사 이래로 성인들과 선지자들이 바라온 이상세계가
처음으로 이 땅에 이루어진다.

이렇게 결과를 분명히 확인해야 합니다.
이것이 수학적인 삶입니다.

x의 값에 플러스의 값인 1, 2, 3, ... 을 넣어도, y의 변화가 없는 상수함수가 있습니다. 이 함수에 비유할 수 있는 상황을 생각해 봅시다. 선한 행동을 하지만, 의식의 성장이 없는 상수함수는 어떤 상태일까요?

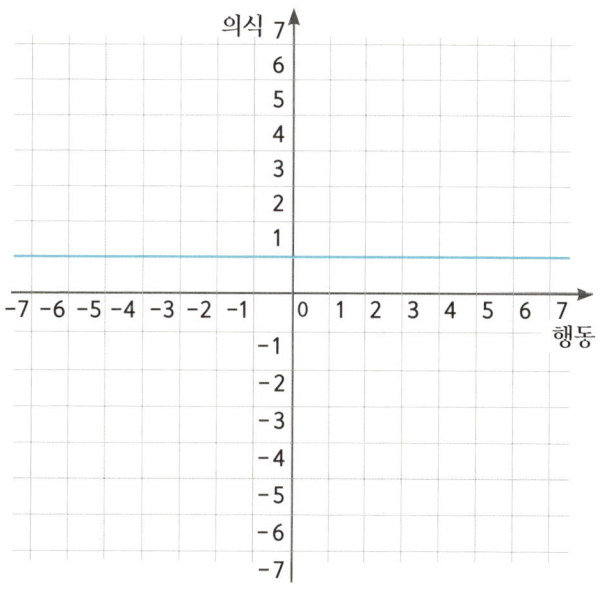

그림4 《행동과 의식의 상수함수 그래프》

선한 행동을 하면서도 생각을 하지 않는 바보 같은 선행입니다.

내가 성실하면 무엇이 좋은지, 나에게만 좋은지, 남에게도 좋은지, 우리 모두 성실하면 어떤 사회가 되는지 생각해야 합니다.

지금보다 더 나은 성실은 무엇인지, 나의 성실이 남에게 어떤 영향을 끼치는지, 자신뿐만 아니라 상대방도 성실하게 도우려면 어떻게 해야 하는지, 이렇게 하나하나 생각하지 않고 그냥 선한 행동만 하면, 의식은 성장하지 않고 그대로 머무는 상수함수입니다. 이런 상황에서는 나의 선행을 좋아하는 사람들은 내 옆에 많이 올 것입니다. 그런데 내 의식이 성장하지 않는다면 내 옆에 있는 사람들의 의식이 성장하도록 도울 수 없고, 그러면 나는 언제나 남을 돕고 위하지만, 내 옆에는 내 도움만 바라는 사람들이 있게 되고, 내 옆의 사람들은 스스로 알아서 의식이 성장하지 않는다면 도움 받는 사람으로 변해갑니다. 그렇게 되면 부지런한 사람들은 게으른 사람들의 종노릇만 하다가, 해도 해도 끝이 없는 선행과 변화가 없는 주변 사람들로 인해 시간이 갈수록 지쳐갑니다. 그래서 1수준에서 머무는 선행, 2수준에서 머무는 선행이 아니라 자신의 의식이 성장하는 선행을 이루어가야 합니다. 물질적인 선행을 기쁘게 하면서도 거기에만 머무는 것이 아니라 도움 받는 사람의 의식이 성장하도록 돕는 선행까지 가야 합니다.

그런데 이런 경우도 보았습니다. 나 자신의 의식은 돕고 위하는 마음자세(플러스)로 이루어지지 않았는데, 내 속에 숨어있는 인색하고, 내 이익만 생각하는 마음(마이너스)이 다음과 같은 생각을 떠오르게 합니다.

'내가 이렇게 물질적으로 도우면, 저 사람을 도움 받는 사람으로 만들어 버리는 것이니, 물질적으로 돕지 말자.'

그런데 위의 생각 자체가 나쁘다기보다는, 위처럼 생각하게 되는 자신의 마음 속의 근본적인 이유가 무엇인지를 잘 생각해 보아야 합니다.

손해 보기 싫은 내 마음을 합리화하기 위해 떠오르는 생각인지, 그렇지 않으면 돕고 위하는 삶으로 기쁘게 살아오면서 풍성한 마음이 이루어졌지만, 상대방을 보니 그렇게 하는 것이 정말 도움이 될 것 같지 않아서 떠오르는 생각인 것인지를요. 내 마음이 플러스로 이루어지지 않았는데, 머리만 좋아서 상대방의 의식을 돕는다면서 말로만 교육을 하면 나는 어떻게 될까요? 나 자신은 점점 냉랭해지고, 내 속의 사심을 고치지 못한 채 좋은 말로 겉모습만 포장하다가 결국에는 내 주변에 사람들이 떠나가고, 함께 하고 싶어하는 사람들이 없어집니다. 내가 하는 말은 옳지만 그 말을 듣기 싫어합니다.

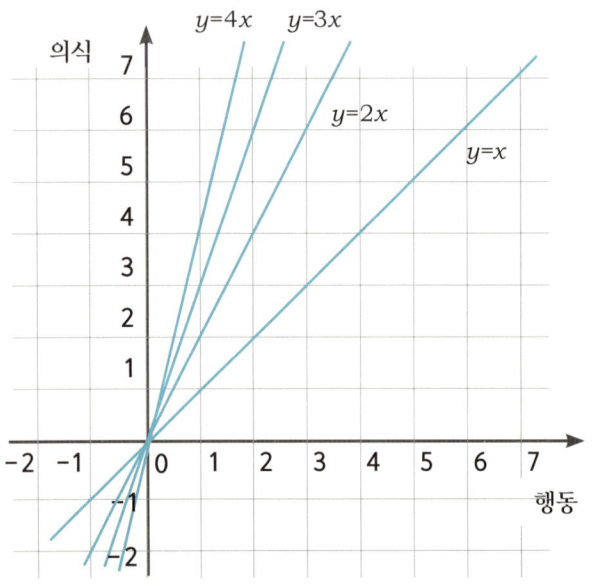

그림5 《기울기가 다른 일차함수 그래프》

    그러면 $y=2x$ 함수는 어떤 상태일까요? 하나의 선한 행동을 통해서 두 가지를 깨달아서 $y=x$ 보다 의식이 두 배로 성장하는 상태입니다. 즉, 기울기는 매순간 선한 마음가짐의 실천에서 배울 것을 얼마나 많이 열심히 찾는지, 그 마음자세를 나타내는 지표입니다. 한 가지를 실천하고나서 하나를 깨닫는 것보다 여러개를 깨닫는 것이 더 낫겠지요?

y축($x=0$)은 '현재'이고, $x<0$인 부분은 '과거'이고, $x>0$인 부분은 '미래'라고 생각한다면, y절편이 뜻하는 것은 현재 나의 상태입니다. 과거에 내가 어떻게 살아왔느냐에 따라 나의 현재 상태가 결정되는 것이지요.

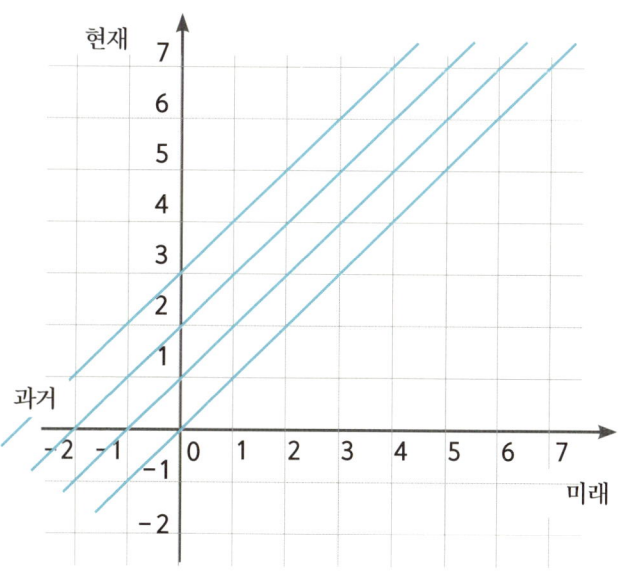

그림6 《기울기가 같고 y절편이 다른 일차함수 그래프》

누군가는 출발점이 다른 것에 대해서 '금수저', '흙수저'라고 이야기하면서 불공평하다고 말합니다. 그런데 다행인 것은 진실함, 성실함, 정직함, 부지런함 등 플러스로의 의식의 성장은 다른 사람이 해주는 것이 아니라 내 자신 스스로가 쌓아가야 하는 것입니다. 돈으로 살 수 있는 것도 아닙니다. 부모가 대신 만들어주는 것도 아닙니다. 남편이나 아내가 대신 해주는 것도 아닙니다. 저는 살아오면서 너무 잘해주는 남편 때문에 의존적으로 살다보니 새로운 일을 하는 것을 두려워하며 나약하게 사는 사람도 보았고, 너무 잘해주는 아내 때문에 성실하지 않은 남편들의 모습도 보았습니다.

또한 부유한 부모가 어릴 때부터 과외 등 개인교사를 항상 붙여서 도와주었던 것 때문에 자신의 공부 방법을 스스로 개선해가지 못하는 학생의 모습도 보았습니다.

저는 부유하지 않은 집안에서, 불화가 잦은 부모님 밑에서 자라면서 스스로 공부를 하고, 내가 가야 할 길을 개척하면서 자라야 했습니다. 그래서 나중에는 이런 생각이 들었습니다. '내가 많이 가지고(부유하고 화목하고 좋은 환경에서) 태어나지 않은 것이 감사한 일이구나. 그랬더라면 당신은 그렇게 좋은 환경에서 태어났기 때문에 가능한 것이다 라는 말을 들었을 테니까.' 반면에 저희 부모님께서는 부유하지 않고 다툼은 많으셨어도 성실하게 자식들을 위해 많은 일을 해주셨기에, 제가 스스로 집안일을 하는 것이 습관이 되지 않아서 어른이 되어서도 그 부분을 개선하기 위해 노력을 해야 했습니다. 즉, 내가 스스로 노력해서 얻은 것이 아닌 것은 전부 내 실력이 아니기 때문에 결국에는 처음부터 다시 다 노력해야 합니다.

따라서 출발점(y절편)이 다르더라도 그것보다 더 중요한 것은 기울기의 방향과 기울기의 절댓값의 크기입니다.

내가 어떤 방향으로 나아가고자 하느냐?

플러스냐, 마이너스냐, 제로냐?

그리고 플러스로 간다면 어떤 크기의 기울기로 가느냐?

하루에 한 걸음 가는 빠르기로 가느냐 아니면

하루에 두 걸음 가는 빠르기로 가느냐?

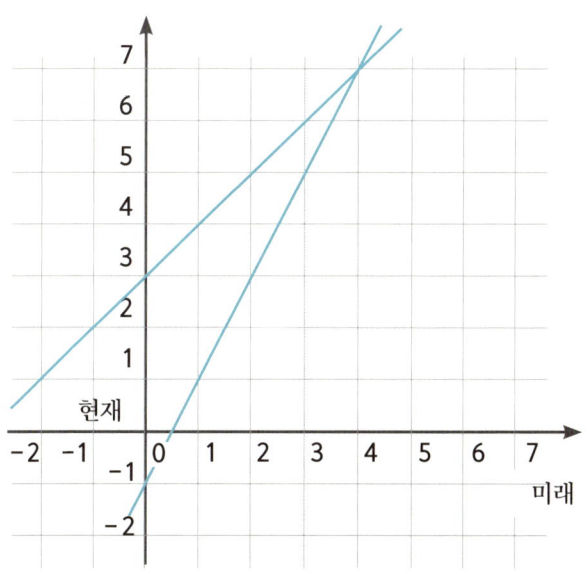

그림7 《한 점에서 만나는 일차함수 그래프1》

현재 내가 마이너스의 상태라 하더라도 현재 플러스인 상태의 사람보다 내가 더 기울기를 높이면, 즉 매일 노력하는 양이 더 많고 이를 꾸준히 해나간다면 언젠가는 따라잡을 수 있습니다.

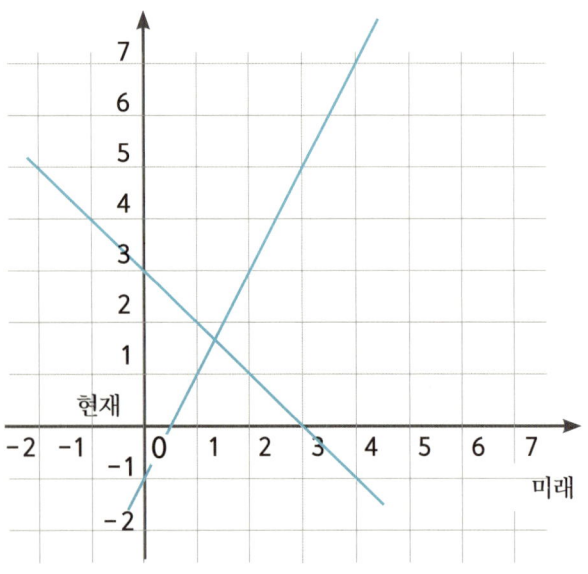

그림8 《한 점에서 만나는 일차함수 그래프2》

그런데 현재 플러스인 상태라 하더라도 내가 마이너스 방향으로 가고 있다면 나의 미래는 어떻게 될까요?

플러스, 0, 마이너스의 개념은 크게 물질적인 것과 정신적인 것으로 나눌 수 있습니다. 물질적으로 진실, 성실, 부지런하면 돈, 지식, 명예 등을 쌓아갈 수 있고, 정신적으로 진실, 성실, 부지런하면 진리를 깨닫게 됩니다. 물질적으로만 플러스를 해나가면 물질적인 풍요는 누릴 수 있으나 정신적인 빈곤으로 마음이 불안하고 퇴폐적인 길로 들어서기 쉽고, 정신적으로만 플러스를 해나가면 진리를 깨달을 수는 있으나 빈곤하게 살아갑니다. 물질적으로도 정신적으로도 다 같이 플러스를 해나가는 것입니다. 동시에 플러스를 실천해가면 동시에 플러스의 결과를 풍성히 이루어 갈 수 있습니다.

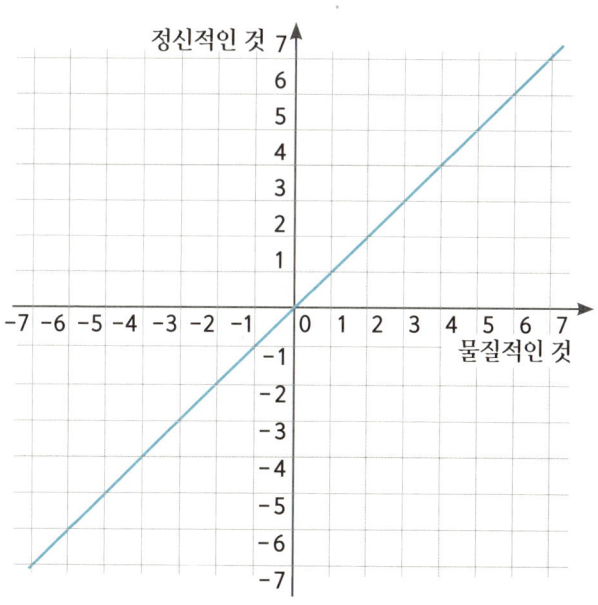

그림9 《물질적인 것과 정신적인 것의 일차함수 그래프》

물질적인 것을 바깥으로의 진실, 성실, 부지런이라고 생각할 수 있고, 정신적인 것을 안으로의 진실, 성실, 부지런이라고 생각할 수 있습니다. 안으로의 진실, 성실, 부지런이란 어떤 상황에서도 나부터 진실한 사람이 되도록 나의 부족을 찾아가는 것입니다. 48쪽에 제시되는 사례가 안으로의 진실, 성실, 부지런을 찾아갔던 내용입니다.

안으로의 진실, 성실, 부지런을 찾아가다보니, 제가 주변 사람에게 들었던 질문들입니다.
'현실적인 문제해결만 하면 되지, 너무 깊이 들어가서 생각하지 않아도 될 것들을 생각하면서 피곤하게 산다. 자신을 괴롭힌다.'
'상대방이 잘못한 것이 명백한데, 왜 자신의 부족을 계속 찾지요?'
'모든 것을 내 부족이라고 하면 내 자신이 너무 괴로워요.'

저도 교사가 되어 처음 몇 년 동안에는 모든 것이 내 잘못이라고 하면서 내 자신을 학대하면서 괴로워했던 적이 있어서 위와 같이 말씀하시는 마음을 이해합니다. 그런데 이렇게 괴로워하는 마음은 적극적으로 개선하는 것이 없고 패배의식에 주저앉아서 비관하는 마음이지, 개선점을 찾아서 적극적으로 살아가는 진실한 마음은 아닙니다. 상대방이나 환경이 어긋난 것들이 있습니다. 그것은 그냥 있는 그대로 보면서, 그럼 이 상황에서 나 자신이 더 발전되어야 할 것이 무엇이냐 하고 찾아가는 과정은 괴로움이 아니라 즐거움과 기쁨의 길입니다. 그리고 정말 나의 부족이라고 생각되면 괴로워할 것이 아니라 그것을 반복하지 않기 위한 방법을 적극적으로 찾아서 실천하는 것입니다. 괴로움이 들어올 때마다, '그래서?'라고 스스로에게 질문해 보세요.

'그래서, 나는 앞으로 어떻게 할 것이냐?'

사 례

$y=5x$에 관련된 제 경험입니다.

교사가 된지 몇 년 안 되었고, 중학교 남학생 학급을 담임하던 때였습니다. 학교 홈페이지의 하위 메뉴로 학급 홈페이지가 있고, 그 안에 제가 저희 반 학생들의 사진을 게재하였습니다. 그리고 어느 날 홈페이지에 들어가서 저희 반 아이들의 사진들을 둘러보던 중 제가 올린 사진에 댓글이 달렸는데, 성적으로 욕하는 글이었습니다. 댓글을 올린 학생의 이름이 있었지만, 그 학생은 지적장애가 있어서 그렇게 글을 쓸 수 없는 학생이었기에 다른 학생이 썼다는 것을 알 수 있었습니다. 욕하는 글의 내용이, 'OO년, 애들 옷 벗는 것 되게 좋아해. 집에서 OO할 년...' 차마 다시 적을 수 없는 민망한 글이었고, 'OO년'이라고 한 것으로 봐서, 모두 남학생만 있는 반에서 담임이고 여교사인 저에게 한 욕이라는 것을 알 수 있었습니다. 그것을 보고 처음에는 내가 왜 이런 욕을 들으면서 살아야 하나 하는 생각이 쑥 들어오면서 힘이 빠졌습니다.

그런데 그때, 제 머리 속에 하나의 장면이 떠올랐습니다.

제가 수업이 끝나고 교무실로 돌아가는 복도에서 지나가다가 저희 반이 있어서 창문을 통해 보니, 학생들이 다음 시간이 체육 시간이라서 체육복으로 갈아입는 모습이었습니다. 제가 지나가니까 학생들이 자기 몸을 가리면서 부끄러워하였습니다. 그런데 저는 그렇게 하는 학생들이 귀여워서 창문으로 가까이 가서 장난기 어린 웃음을 지으며 지나갔습니다. 그래서 그 모습 때문에 이런 댓글을 남겼다는 것을 깨닫게 되었고, 제가 보완해야 할 점들이 찾아지기 시작했습니다.

1. 내가 진지하지 못하고 학생들을 장난기로 대했구나.

내가 진지했다면 학생들이 옷을 갈아입는 모습을 보았을 때, 얼굴을 다른 곳으로 돌려서 쳐다보지 않았을 것입니다. 그때를 돌아보면서 평소에 학생들을 존중하는 마음을 갖춰야 함을 알게 되었습니다. 이때부터 담임 학급의 시간표를 보면서, 혹시라도 체육시간 다음에 종례가 있을 때에는 반장에게 옷을 다 갈아입은 후 선생님께 이야기를 해달라고 하는 등 더 진지해지고 학생들을 존중하게 되었습니다.

2. 내가 가르치고 있는 학생들의 잠재의식

저는 그때 학생들에게 성적인 생각이 없었습니다. 제게는 그저 어린 학생들이었고, 제가 지나간다고 부끄러워하는 모습을 보이는 것이 귀엽다고만 생각이 되었습니다. 그런데 나의 웃는 모습을 보고 성적으로 좋아하는 것으로 생각을 했다면, 내가 가르치고 있는 남자 중학생들이 성적인 호기심이 많은 나이라서 그럴 수 있다고 이해되었습니다. 내가 가르치는 학생들이 어떤 생각을 주로 하는지 알지 못하고 가르친다면 교사로서 부족하다고 생각이 되었기에, 그 사건을 통해 제가 가르치는 학생들을 이해하고 알아가는 기회가 되었습니다.

3. 내가 교사로서 갖춰야 할 것들

이제 내가 가르치는 학생들의 생각을 알았고, 그렇다면 나는 어떤 교사가 되어야하는지에 대해 생각해 보았습니다. '중학교 남학생들은 당연히 성적인 것에 대해 관심이 많을 수 밖에 없구나. 그 나이 때에는 자연스러운 현상이다. 그렇다면 교사인 나는 학생들에게 성적인 대상으로 느껴지지 않도록 해야 겠구나' 하면서, 말과 행동, 옷차림, 몸가짐 등에 대해서 주의를 기울여야겠다고 다짐이 되었습니다.

4. 내 삶 속에서 음란하지 말아야 한다는 것

이제는 내 삶으로 와서, 교사로서 뿐만이 아니라 나의 삶 전반에서 어떤 사람이 되어야하는가에 대해 생각해보았습니다. 이 세상에 넘치는 불륜의 이야기들. 그런 일들이 생긴 이유가 처음부터 그렇게 되고 싶어서 되었다기보다는 처음에 사소하게 넘나드는 자신의 마음을 단속하지 못했기 때문이라고 생각이 되었습니다. 그래서 언제 어디서든지 내 마음을 잘 단속하면서 옳은 선택을 할 수 있는 사람이 되어야겠다고 다짐하게 되었습니다.

5. 욕을 쓴 학생에 대한 교육

이 학생은 어떻게 교육을 해야 할까 고민이 되었습니다. 그 사진에 글을 남겼다면, 언제든지 그 학생은 자신이 남긴 글을 보러 다시 올 것이라고 생각이 되었습니다. 그래서 그 학생을 교육하는 글을 남겼습니다.

"내 자신이 하는 생각, 말, 행동을 통해 내가 어떤 사람이 될지 결정됩니다. 그렇기에 언제든지 옳은 생각과 말과 행동을 택해서 살아가는 것이 중요합니다. 내 자신이 어떤 사람이 되고 싶습니까? 어디에서든지 사랑받고 존경받는 아름다운 사람이 되기를 바랍니다."

처음에는 욕을 읽고 힘이 빠졌지만, 이렇게 다섯 가지 보완할 점들을 배우고 나니, 마음이 무척 기뻐졌습니다. 그리고 이렇게 욕을 해주어서 나를 깨닫게 해준 그 학생에게도 감사했습니다. 또한 그 학생도 자신의 생각을 잘 돌이켜서 항상 옳은 선택을 해나가는 아름다운 사람이 되기를 기도했습니다.

3. 이차함수 인성교육

$$y = ax^2 + bx + c \; (a \neq 0)$$

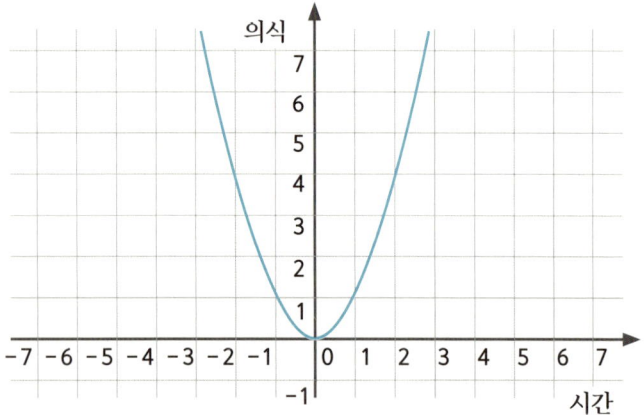

그림10 《시간과 의식의 이차함수 그래프》

이차함수 $y=x^2$에 담긴 해석입니다.

수학은 단순하고 분명하게 표현하는 도구이므로, 수학에서 우리의 의식 상태를 잘 표현해주는 다양한 방법을 찾을 수 있습니다. 나 자신과 아이들을 바르게 세우기 위한 목적이 뚜렷하고, 내 의식을 보는 메타인지를 연습하신다면, 수학적인 내용들을 볼 때마다 다음과 같은 해석들이 자연스럽게 떠오릅니다.

x축을 우리가 살아가는 시간, y축을 나의 의식이라고 놓습니다. 나의 의식이란 평소에 어떤 사건과 환경과 사람을 만났을 때, 플러스(+), 제로(0), 마이너스(-) 중 하나를 선택하고 있는 내 자신입니다.

우리는 살아가면서 감당하기 힘든 어려운 일을 겪을 수 있습니다. 그때, 항상 플러스를 택하던 사람이 마이너스로 향할 수 있습니다. 그런데, 이때 평소에 플러스를 택해왔고, 플러스를 좋아했던 사람은 힘든 상황 때문에 마음이 위축되면서 마이너스 방향으로 내려와서 제로까지 왔더라도 마이너스로 가지 않고, 다시 플러스를 향한 선택을 합니다. 제로에 이르렀을 때, 그곳이 자신이 원하던 곳이 아니기에 다시 플러스로 올라가는 것이지요. 즉, 아무리 힘들어도 절대 마이너스로 내려가지 않고, 최솟값이 제로입니다. 이렇게 해석해서 $y=x^2$를 바라보며 나 자신을 점검해보면 좋습니다. 힘들 때, 나는 $y=-x$와 같이 마냥 마이너스로 내려가는지 아니면 $y=x^2$와 같이 기껏해야 제로까지만 내려가고 다시 힘내서 플러스로 올라오는지를요. 인생의 목적을 내 의식의 성장에 맞추어 놓으면, 내 자신이 마이너스로 내려가도록 내버려두지는 않을 것입니다. 이 세상에서 가장 소중한 내 자신을 내가 아름답게 가꾸어가야지요. 이러한 성질을 가지고 있는 또 다른 함수로 절댓값 함수 $y=|x|$가 있습니다.

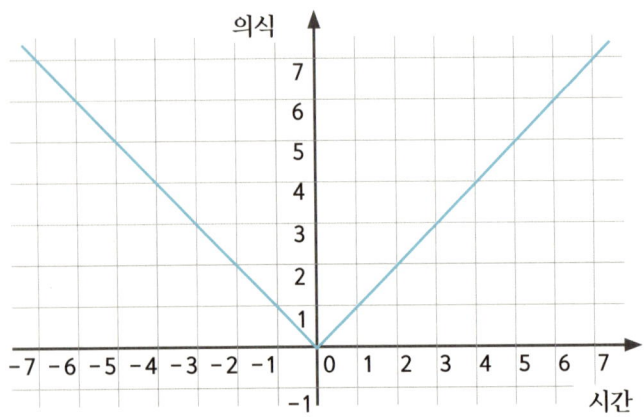

그림11 《절댓값 함수의 그래프》

이차함수 $y = -x^2$에 비유할 수 있는 사람은 항상 마이너스를 선택해 왔던 사람입니다.

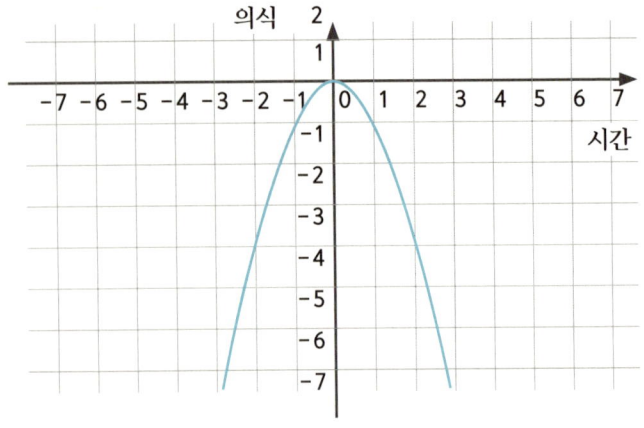

그림12 《시간과 의식의 이차함수 그래프》

마이너스의 삶이 너무 힘들어서 플러스의 방향을 바라보게 되거나, 또는 좋은 환경, 선한 사람의 영향으로 플러스를 향해서 제로까지는 왔습니다. 그러나, 평소 마이너스를 택해왔던 것이 습관이 되어서 제로에서 플러스로 올라가지 못하고, 다시 마이너스를 택하면서 자꾸 자꾸 내려옵니다. 상황이 좋을 때라야 비로소 기껏해야 제로까지는 올라가지만 플러스의 선택은 하지 못하고 마이너스로 내려갑니다. 이런 의식은 '거짓말하지 않고 어떻게 살아? 미워하지 않고 어떻게 살아! 내가 이렇게 된 것은 ○○ 때문이야.' 하면서 자꾸 마이너스를 택합니다. 미움을 버려서 제로가 되어 마음의 홀가분함을 느낄 때도 있지만, 또 다시 어려운 사건을 만나면 마이너스로 내려옵니다. 이차함수 $y=-x^2$ 대신 절댓값 함수 $y=-|x|$로 비유할 수도 있습니다.

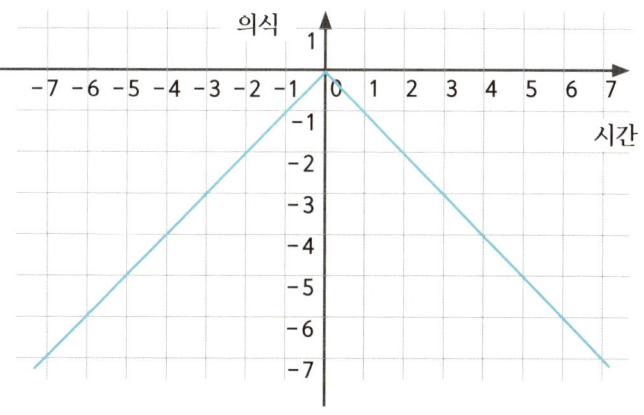

그림13 《절댓값 함수의 그래프》

사례

 학교폭력이 사회적으로 크게 문제가 되면서, 학교마다 학교폭력을 근절시킬 수 있는 방법을 처음으로 모색하던 시기였습니다. 그때 학교의 해당 부서에서는 '학교폭력예방 결의대회'라는 행사를 기획하였습니다. 행사의 내용은 강당에 모여서 학교폭력을 하지 않겠다는 10가지 문장을 앞에서 교사가 읽으면 학생들이 따라 읽으면서 선서하는 것이었습니다. 그리고 그 결의문을 제게 낭독하라는 지시가 내려왔습니다. 저는 담임이기에 해당 부서의 교사는 아니었지만 나이도 어렸고 시키는 대로 잘 순종하는 교사였기에, 그렇게 하겠다고 말씀은 드렸지만 마음으로는 불만이었습니다. 이것에 대해 스승님과 대화를 하면서 여쭤보게 되었습니다.

 "보여주기 식의 이런 행사로 학교폭력이 예방이 되겠습니까? 근본적인 대책을 연구하지 않고, 이런 행사만 하는 것은 아니라고 생각합니다."

 그러자 스승님께서는 이렇게 말씀해주셨습니다.

 "생각이 부정적이군요. 그 행사가 옳지 않은 것을 목표로 하는 행사입니까?"

"아닙니다. 학교폭력을 예방하자는 뜻은 옳습니다."

"뜻이 옳다면 그 행사가 보여주기 식으로 하는 것이라 해도, 부족한 점이 있다고 하더라도, 나는 진심을 담아서 결의문을 읽으면 되는 것입니다. 도와주어야지요. 근본적인 해결책을 제시하기 어려우니 그렇게라도 행사를 하는 것을 활용해서, 나는 학생들의 의식을 바꾸기 위해 노력해야지요. 기도하고 마음을 다해서 결의문을 읽으세요. 그것을 통해 학생들의 마음이 조금이라도 변화되도록."

이 대화를 통해, 저는 제가 부정적인 사람이라는 것을 처음으로 알게 되었습니다. 그리고 학생들이 변화되기를 바라는 마음으로 행사하기 며칠 전부터 기도를 간절히 하였습니다. 행사하는 날이 되어, 결의를 다짐하는 마음으로 학교폭력예방 선언문을 읽었고, 그 마음이 전달이 되어 떠드는 학생이 한 명도 없이, 제가 읽은 선언문을 학생들이 잘 따라서 읽었습니다.

그 이후로 저는 부정적인 제 의식을 고치기 위해, 그 내용이 옳지 않은 것이 아니라면, 보여주기 식이든 형식적으로 하는 일이든 제게 주어지고 해야 할 일들에 대해서, 긍정적으로 생각해서 내 자신의 발전에 도움이 되는 쪽으로 열심히 임하였습니다. 그래서 긍정적으로 생각하는 마음의 길이 점점 트였고, 학교의 일에 대해서 불평과 불만 대신 그 일을 해야 하는 이유를 찾아서 기쁘게 실

행하는 습관을 갖게 되었습니다. 부정적인 $y = -x^2$에서 긍정적인 $y = x^2$으로 변화되었습니다.

4. 최대공약수, 최소공배수 인성교육

$$\alpha = g \cdot a, \beta = g \cdot b \Rightarrow \begin{cases} g : \text{최대공약수} \\ gab : \text{최소공배수} \end{cases}$$

이 세상에 여러 나라, 민족, 종교, 문화 등이 있습니다. 이 중에서 누구나 행복하게 살기 위해서 필요한 공통된 요소들을 골라보면 어떨까요? 종교 중에서 살펴본다면, 기독교에서도 불교에서도 유교에서도 옳다고 인정할 수 있는 공통된 것에는 무엇이 있을까요? 예수님과 부처님과 공자님과 여러 성인들께서 한 자리에 모이셨을 때, 어떠한 공통된 것들이 있을까요?

그분들은 모두 진실할까요? 아니면 거짓과 속임이 있을까요?

그분들은 모두 성실할까요? 아니면 게으르고 나태하고 안일할까요?

그분들은 모두 서로를 사랑할까요? 아니면 미워하고 원망할까요?

우리가 서로 다른 나라, 다른 민족, 다른 인종, 다른 문화, 다른 종교라고 서로를 미워하고 차별하고 판단하고 무시할 것이 아니라, 모든 종교가 공통으로 가지고 있는 핵심 요인들을 뽑아서 그곳에 우리 모두가 이르른다면 어떨까요? 그곳에 행복과 기쁨과 평화가 있겠지요?

모든 종교의 최대공약수가 바로 하고법칙의 윗부분에 있던 진실, 성실, 부지런, 정직, 돕고 위하고, 공경하고 섬기고, 사랑하고, 배려하고, 이해하고, 용서하고, 적극적이고, 긍정적이고, 능동적이고, 창조적인 것입니다.

이것이 종교의 최대공약수이며, 행복한 삶을 위한 최대공약수입니다. 그래서 모든 분들이 바라는 최대공약수를 내 것으로 만들어 가면 나부터 모든 분들이 바라는 이상세계가 이루어집니다.

어떤 사람은 하고법칙의 윗부분에 있는 대로 살아가자고 하면, 사람마다 다양한데, 모두 똑같아지라는 말이냐? 사람은 모두 다르지 않느냐 하시는 분도 보았습니다.

어디를 가도 이것만 가지고 가면 되는 가장 최소한의 것! 어디를 가도 이것을 기본으로 하고, 이것에 다른 무엇을 곱하든지 곱한 만큼 풍성해지는 것! 행복한 삶에 있어서, 필수적으로 가지고 다니면서, 다른 것들은 이것에 곱하기만 하면 2배, 3배, 4배 곱한 만큼 열매가 얻어지는 것! 저는 최소공배수를 이와 같이 비유하고 싶습니다. 하고법칙의 각각의 요소에 소수(prime number)를 대응시켜 보았습니다.

진실(2), 성실(3), 정직(5), 부지런(7), 돕고 위하는 것(11), 공경하고 섬기는 것(13), 사랑(17), 용서(23), 이해(29), 배려(31), 적극성(37), 긍정성(41), 능동성(43), 창조성(47)은 우리가 행복한 인생을 살아가기 위해 갖추어야할 최소한의 핵심입니다.

이제 '나'를 6(=2×3)이라고 합시다. 그런데 15(=3×5)를 만났습니다. 6은 15를 만나서, 상대방의 장점을 배워서 30(=2×3×5, 6과 15의 최소공배수)이 되었습니다. 그런데 6은 30이 된 것에 만족하지 않고 거기에 다시 2배를 해서 60(=2×30)이 되었습니다. 이렇게 내가 부족한 것을 보완하고, 또한 내가 가진 하나의 진실에 만족하지 않고 더 나은 진실(2배, 3배의 진실)을 택해서 성장해 나갈 때 행복한 삶을 살아나가면서도 개인의 다양한 선택에 따라 삶의 모습이 달라집니다.

마이너스의 다양성도 있지만, 이와 같이 플러스에서 만남을 통한 배움으로 최소공배수를 만들어가고, 선호도에 따라 또 다른 수를 곱하면서 자신의 자유로운 선택으로 인해 아름다운 다양성이 생겨납니다. 마이너스를 더하거나 곱해가는 것은 불행한 삶의 조건을 가지고 있는 다양한 사람들이 생겨나는 것입니다.

플러스에서의 다양한 개성이 있고, 마이너스에서도 다양한 개성이 있습니다. 나 자신의 개성을 어떻게 갖추어 가면 좋을까요? 플러스에서 아름다운 다양한 개성을 갖추어 가기도 바쁜데, 개성을 추구하기 위해 마이너스를 굳이 선택할 이유는 없겠지요?

사례

저는 교사가 되고 첫 해에 너무 힘들어서 우울증이 왔습니다. 그래서 하나님께 간절히 기도를 했습니다. 그랬더니 그 이듬 해에는 하나님께서 주신 은혜 덕분에 제 마음 속에 아이들을 사랑하는 마음이 가득 찼었고, 그로 인해 교사를 하는 것이 너무 행복했습니다.

그런데 삼 년 차가 되면서는, 이제 교사를 어떻게 하는 것인지 일에 대한 자신감이 생겼지만, 이 년 차에 가졌던 아이들을 향한 어머니와 같은 사랑의 마음은 없는 상태였습니다. 그래서 교사의 일은 잘 할 수 있고, 그럴 능력은 되지만 마음에서는 기쁨을 충만하게 느끼는 행복한 마음상태가 아니었습니다. 그러던 어느 날 저의 고민에 대해 스승님께 여쭈어보았습니다.

"행복해지려면 어떻게 해야 합니까?"

그러자 스승님께서는 이렇게 말씀하셨습니다.

"아이들을 사랑하세요. 그러면 행복해집니다."

이 말씀을 마음으로 받아서, 아이들을 사랑하려고 애쓰며 노력했습니다. 그런데도 고민이 해결되지 않아서 다시 여쭈어 보았습니다.

"아이들을 사랑하려고 했지만, 제 마음이 냉랭합니다. 제 마음 속에 사랑이 없는데, 어떻게 아이들을 사랑할 수 있습니까?"

"내 속에 사랑이 있어서 사랑을 하는 것이 아니라, 사랑을 하려고 애를 쓰면 내 속에 사랑이 생깁니다. 펌프로 물을 퍼올릴 때에 마중물을 넣고 펌프질을 하면 물이 올라오듯이요. 그와 같이 그렇게 자꾸 노력하다보면 사랑이 내 속에 가득 찹니다. 그때는 애쓰지 않아도 아이들이 저절로 사랑이 됩니다."

그 이후로 저는 제 속에 없는 사랑을 만들기 위해, 아이들을 돕고 위하고, 사랑하기 위해 노력을 했습니다. 그러자 제 속에 아이들을 향한 사랑의 마음이 차오르기 시작했습니다.

어느 종교, 어느 시대, 어느 장소에서나 옳은 것이고, 누구나 원하는 것이 '사랑'이라고 생각합니다. 그런데 사랑은 남이 내게 해주기를 바라는 것이 아니라 내가 먼저 시작하는 것이었습니다. 또한 내가 사랑한 만큼 나를 사랑해주기를 바라는 마음자세는 바라는 만큼 상처가 됨을 알았습니다. 그래서 바라지 않는 사랑을 하는 것이 중요함을 알게 되었습니다. 또한 사랑하면 할수록 1차원적인 사랑, 2차원적인 사랑, 3차원적인 사랑 등 사랑도 깊이가 있음을 알게 되었습니다. 한때는 부드럽게 말하고 화내지 않는 것이 사랑인 줄 알았습니다. 그런데 지나고 보니 이것도 겉모양이었습니다. 먹을 것을 사주고 청소해주고 몸으로 수고하여 돕는 것이 사랑인 줄 알았습니다. 이해하고 공감하고 배려하는 것이 사랑인 줄 알았습니다. 이 모든 노력과 과정이 사랑을 이뤄가는 과정인 것은 맞았습니다. 그러면서 더 나은 사랑의 마음, 더 나은 사랑의 방법이 있다는 것을 알게 되었습니다. 모든 인류, 모든 종교의 최대공약수 중 하나인 사랑, 이 하나를 온전히 이루어 가는데 얼마나 많은 시간과 정성과 노력이 드는지요. 지금도 저는 사랑을 배워가고 있습니다.

5. 연속성, 불연속성 인성교육

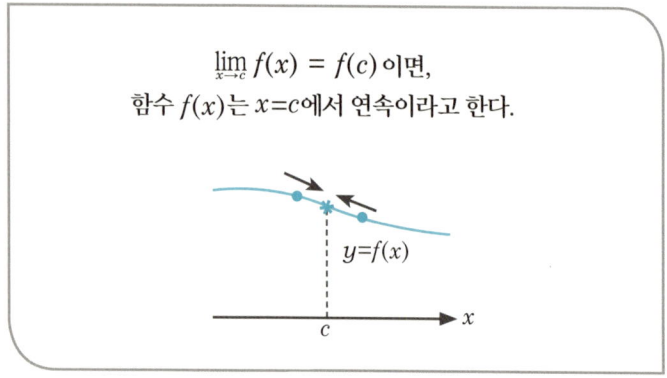

　함수의 연속성과 불연속성으로 의식의 상태를 설명할 수 있습니다. 내가 살아가고 있는 순간 순간 내 생각의 흐름이 보이시나요? 연속적으로 흐르는 듯 하지만, 불연속의 순간들이 발생합니다. 수학수업을 하다가 멍한 표정의 학생을 보면서 "지금 무슨 생각을 했나요? 방금 불연속이 발생한 것이예요."하고 말하니, 아이가 고개를 크게 끄덕이면서 함수의 불연속성의 성질이 자기 생각의 흐름을 묘사하는 것임을 이해하는 모습을 보였습니다. 집중과 몰입이 바로 생각의 연속성을 나타내는 또 다른 표현이라고 생각합니다. 연속함수는 수학에서 중요합니다.

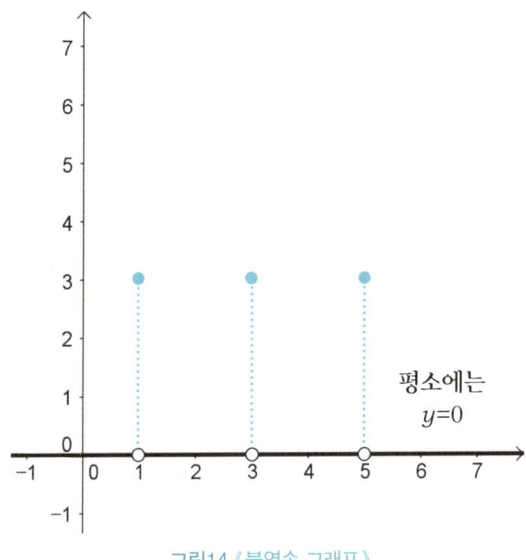

그림14 《불연속 그래프》

다양한 이유가 있지만 우선 연속함수는 적분이 가능합니다. 앞으로 소개할 미적분학과 인성교육에서 우리가 살아온 삶(의 결과)을 정적분으로 비유합니다. 예를 들어, 나의 평소 살아가는 의식의 상태는 제로(0)이지만, 순간 플러스의 생각을 할 수 있습니다. 삶에서는 제로로 살아가고 있었기에 순간적으로는 플러스로 불연속점이 생겼지만, 결과적으로 적분이 된 양은 평소 살아가는 제로(0)가 적분된 결과입니다.

연속성과 불연속성의 개념은 또한 이렇게도 해석이 됩니다. 우리의 생각은 대부분 자신이 가지고 있는 의식의 수준 그대로 상수함수인 경우가 대부분입니다. 그러다가 어떤 환경, 사건, 사람과의 부딪힘이 계기가 되어 불연속이 생깁니다. 이때, 나의 의식이 플러스 불연속을 일으켜서, 플러스로 올라갈 것인가?

순간 멍해지면서 불연속이 생겼는데, 그대로 있을 것인가?

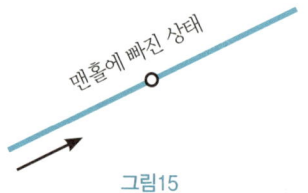

그림15

마이너스 불연속을 일으켜서, 마이너스로 내려갈 것인가?

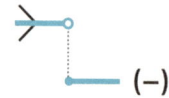

사례 1

제가 고등학교 2학년 때 있었던 일입니다.

부모님이 싸우시고, 어머님께서 집을 나가신 적이 있습니다.

어머님께서 나가시고 다음날 학교에 등교하면서 마음이 싱숭생숭했습니다. 수업시간에 몸은 앉아있지만 제대로 공부가 되지 않았습니다. 선생님의 수업내용을 따라가다가도 어머니 걱정때문에 불연속이 자꾸 생기고 있었지요. 그때 저는 마음에서 제게 물어보았습니다.

내가 지금 이 순간 어떻게 해야 하지?

내가 지금 걱정한다고 어머님을 돌아오시게 할 수 있나?

부모님 인생은 부모님 인생이고, 나는 내 인생을 어떻게 살아가면 좋을까? 내가 할 수 있는 일을 하자. 그것은 내가 열심히 공부하고 좋은 성적을 받는 것이다. 두 분 사이의 불화가 있지만 내가 잘 하는 모습을 보여드리는 것이 그나마 두 분께 기쁨을 드리는 일이다.

또한 나는 부모님보다 나은 삶을 살려면 어떻게 해야 하는가?

내가 스스로 독립적인 삶을 살 수 있어야 한다. 그러기 위해서는 능력을 갖춰야 한다. 열심히 공부해서 부모님께 큰 부담을 드리지 않는 대학을 가야하고, 직장을 얻어서 스스로 돈을 벌어서 자립할 수 있어야 한다. 그래야 내가 부모님 사정에 따라 좌지우지 되지 않고 내 인생을 살아갈 수 있다. 그리고 내가 원하는 남편을 만날 수 있고, 내가 원하는 가정을 만들어갈 수 있다.

　이렇게 내 안에서 정리를 하고나니, 수업내용에 집중할 수 있었고 그날 해야 할 많은 공부를 다 마칠 수 있었습니다. 그때는 제 부족한 학업능력을 개선하기 위해 그날 배운 것은 그날 모두 이해하고 열심히 공부하는 것을 목표로 살아가고 있었습니다. 부모님에 대한 걱정 때문에 공부가 안되고 생각에서 계속 불연속이 생기고 있었는데, 저는 이렇게 제 불연속의 순간을 정리하고 제가 해야 할 일을 계속해 나갈 수 있었습니다. 그리고 저녁 때 집에 돌아가 보니 어머님께서 집에 돌아와 계셨습니다.

　어릴 때는 부모님의 불화를 보면서 원망도 많이 하고 부정적인 성격도 갖게 되었습니다. 그런데 그 상황들이 제게 가정에서 화목하려면 어떻게 해야 하는지 항상 화두를 던져주는 계기였습니다. 그때부터 나도 모르는 사이에 개념은 몰랐으나 이 '수학적 인성교육'이 시작되었던 것 같습니다. 지금은 부모님께 감사드리고 있습니다. 부모님께서도 그 입장에서 열심히 살아오셨다는 것을 알기 때문입니다.

사례 2

저희 집은 가난했습니다. 그런데 제가 태어날 때부터 가난했기에 원래 그렇게 살아가는 것이라고 생각하며 불편한 줄도 모르고 살았습니다. 부모님께서 성실히 사셨지만, 다섯 식구가 먹고 살면서 학비를 내면 거의 남는 것이 없어 보였습니다. 그래서 기본적인 것 외에 하는 별도의 것(학원)들은 꿈도 꿀 수 없었고, 학교를 입학해서 교복을 사야하거나 수학여행을 가게 되면 그런 것들을 할 수 있는 여유가 있을까 하는 걱정을 했습니다. 부모님은 한숨을 쉬면서도 어디서 빌려오셨는지 결국에는 다 해주셨지요. 그러니 자연히 대학도 사립대학에 가는 것은 생각도 할 수 없고, 공부를 잘해서 장학금을 받아야만 저희 삼남매가 대학을 다닐 수 있는 상황이었지요. 대학을 안가고 바로 취업하는 것은 제가 싫었습니다. 그래서 고3 때에는 과연 대학수학능력시험 점수가 얼마가 나올지, 어느 대학을 갈 수 있을지 걱정이 많았습니다. 그런 걱정 때문에 공부에 집중을 할 수 없었습니다. 계속 불연속이 생겼던 것이지요. 아래는 그때 제가 저의 불연속을 해결했던 방법입니다.

좋은 결과는 어떻게 나오는 것이지? 지금부터 매일의 과정을 통해 내 안에 지식이 쌓여야 시험을 잘 보는 것이다. 그렇다면 좋은 결과를 얻기 위해서 지금 내가 어떻게 해야 하지? 걱정만 하면 되는가? 지금 이 순간 영어 단어를 한개라도 더 외우고, 수학문제 한 문제라도 더 푸는 것이 좋은 결과를 내게 하는 방법이다. 걱정이 들어오면 무작정 영어 단어를 외우자. 그리고 공부한 만큼 내 안에 쌓였다고 나를 믿자. 지금 외운 이 단어가 시험에 나올 것이다.

이렇게 마음을 다스리며 계속 노력을 해나가니, 나중에는 걱정이 들어오지 않았습니다. 오히려 지금은 이것을 해야 하고, 이거 다하면 저것을 해야 하고, 하면서 저의 매일 매일의 스케줄을 관리하며 열심히 하게 되었습니다. 그렇게 해야 할 공부들을 해나가다 보니 나중에는 걱정할 시간도 없이, 이것을 공부하고 저것을 하면 되겠구나 하면서 제가 해야 할 것들에 대해서만 집중하게 되었습니다.

그래서 제가 깨달은 것은, 걱정이라는 것은 지금 내가 해야 할 일을 하지 않을 때 들어오는 것이라고 알게 되었습니다. 내가 할 일에 집중하고 있다면, 그 일을 효과적으로 하는 방법을 생각하게 되고, 더 해야 할 것들이 보이며, 그것들을 하느라 바쁘니까요.

그래서 그때 배운 것을 지금도 적용하며 살아갑니다.

걱정이 들어오면, 내가 지금 해야 할 일을 하지 않고 있었구나. 여유로운 마음이었구나. 걱정되는 일에 대해서 걱정하지 말고 뛰어들어서 시작하자. 이렇게 생각하고 일을 시작하게 되면, 걱정은 금방 사라집니다.

사례 3

인생의 참된 스승님을 만나고 나서 제게 근심 걱정이 생겼습니다.

스승님은 생각, 말, 행동 및 삶에서 사심을 떠나시고 나라와 민족, 인류를 생각하시는 마음이 지극하셨습니다. 그렇기에 스승님의 말씀을 듣고 있으면, 자연히 스승님의 마음과 저의 마음이 비교가 되었습니다. 저는 항상 제 자신이 제일 중요했습니다. 즉, 내 이익이 중요했습니다. 기독교라는 종교를 가지게 된 이유도 내가 행복하기 위한 길을 찾은 것이지, 다른 사람을 위한 마음은 아니었습니다.

그래서 시간이 갈수록 '스승님과 나는 다르다. 스승님의 삶을 나는 도저히 따라갈 수 없다. 나는 불가능하다' 라는 생각이 들어오면서 마음이 힘들어지고, 스승님의 말씀이 마음에 들어오지 않는 불연속이 생겼습니다. 그래서 그 힘든 마음을 스승님께 꺼내놓았습니다.

"스승님, 저는 평생 저 자신만을 위해 살아왔고, 스승님께 가르침을 받는 이유도 저 자신이 행복하게 살기 위함입니다. 그런데 스승님은 자신에 대한 생각은 떠나, 진정으로 남을 위한 삶을 살아오셨고 지금도 그렇게 살고 계십니다. 저와는 너무 다릅니다."

그러자 스승님께서는 이렇게 말씀해주셨습니다.
"시작이 달라도 끝만 같으면 됩니다."

이 말씀을 듣자, 순간 마음이 환해지면서 불연속이었던 마음이 연속으로 이어졌습니다.

'그래, 처음 시작한 마음은 사심이었지만, 이제부터 공의로운 사람으로 변화되면 되지. 스승님은 되는데, 나라고 안 될 것이 무엇이 있나?'

이 경험을 통해서 저는 아이들도 각자 자신이 막혀있는 생각이 있을 것이라고 생각되었습니다. 각자 해결되지 않는 마이너스의 생각 때문에 앞으로 나아가지 못하는 불연속이 생겨서, 거기서 괴로워하면서 살아가고 있다고 알게 되었습니다. 스승님께서 제가 괴로워했던 불연속의 순간을 플러스로의 연속이 될 수 있게 도와주신 것처럼, 저도 다른 사람들의 생각을 도와주는 사람이 되고 싶습니다.

사례 4

새벽 4시쯤이었습니다. 자고 있는데 핸드폰이 울려서 잠이 깼습니다. 저희 반 학생이었습니다. 그 학생은 가정에서 받은 깊은 상처로 인해, 학교생활에 잘 적응하지 못했기에, 제가 특별히 더 마음을 쓰고 있었습니다. 전화를 했던 이유는 아버지와 다투었는데, 그 와중에 깨진 유리조각을 밟아서 상처가 크게 나고 피가 많이 나기 때문이었습니다. 어머니는 연락도 되지 않았고, 아버지와는 많이 다툰 상황이라서 주무시는 아버지께는 이야기도 못하는 상황이었습니다. 아이의 아버지는 몇 년 전에 이혼을 하셨고, 딸을 보겠다고 집에 찾아오자 어머니는 자리를 피해주신 상황이었고, 오랜만에 만난 아버지는 술을 드신 것인지 딸을 크게 혼 내신 것입니다. 작은 상처가 아니라서 스스로도 어떻게 해야 할 지 몰라서 담임교사인 제가 생각나서 전화를 한 것이었습니다. 저는 놀라긴 했지만, 제게 전화를 해준 학생이 감사했습니다. 그만큼 마음을 열었다는 뜻으로 다가왔기 때문이었습니다. 그리고 상황 이야기를 듣고, 아무래도 아버지에게는 이야기할 수 없는 상황이겠구나 하고 이해되었습니다. 그래서 얼른 일어나 학생 집 앞으로 가서 학생을 차에 태우고 응급실로 가서 치료를 하게 되었습니다. 그런데 원무과에서 어떻게 다친 것인지 등록을 위해 상황을 설명해야 했습니다. 저는 있는 그대로 이야기를 했습니다. 그러자 병원에서는 그런 상황은 보험처리가 되지 않는다고 하였습니다. 그래서 치료비가 많이 나올 수 있다고 하였는데, 저는 어떤 상황에서도 정직할 것을 다짐하고 학생들에게도 그렇게 지도하고 정직하게 살아오는 것을 실천하는 중이었습니다.

또한 아이가 옆에서 보고 있기에 더군다나 치료비를 아끼자고 거짓말을 할 수 없었습니다. 물론 치료비는 제가 낼 생각을 하고 있었습니다. 그래서 '있는 사실 그대로 처리해 주세요. 그래서 보험처리를 받지 못한다고 해도 어쩔 수 없습니다' 라고 말씀드리고 치료비를 계산하고 병원을 나왔습니다.

거의 10만원 내외의 돈이었던 것 같습니다. 저는 돈은 많이 나갔지만 아이에게 정직을 삶으로 가르칠 수 있어서 감사했습니다. 그리고 아이도 저를 보면서 어떤 상황에서도 자신의 이익 때문에 거짓말을 하지 않는 아이로 성장하기를, 마음으로 기도했습니다.

저는 새벽에 깨어났을 때, 저의 잠을 깨운 전화라는 불연속의 순간을 아이를 도울 수 있는 기회가 왔다고 생각하며 플러스의 마음을 잡았던 것, 경제적인 것 때문에 거짓말을 해야 할 것 같은 상황의 불연속에서 정직으로 플러스를 선택하게 된 저의 변화된 모습에 너무 감사했습니다. 이와 같이 변화될 수 있도록 이끌어 주신 스승님께 정말 감사드립니다.

6. 미분 적분 인성교육

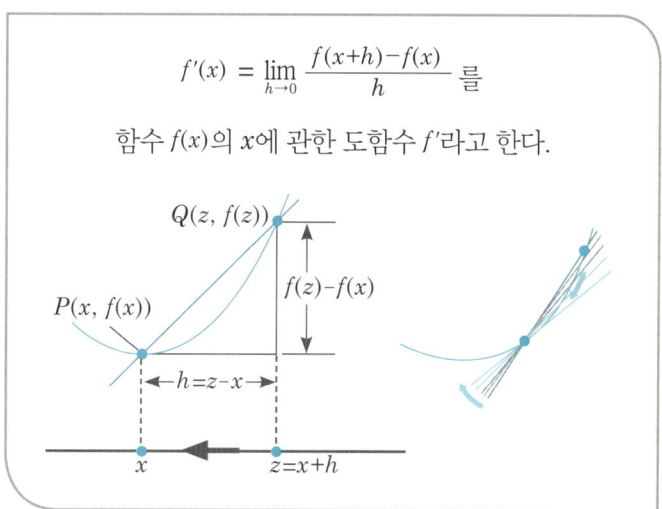

 미분이란 함수 $f(x)$에서 x에 관한 함숫값의 순간변화율을 구하는 것입니다. 삶의 미분이란 살아가는 순간의 내 생각(의식)을 보는 것입니다. 삶의 순간변화율(미분계수)이란 내 의식이 선택하는 삶의 방향(기울기)입니다. 연을 날려보신 적이 있으세요? 바람이 불 때, 하늘을 나는 연의 머리가 위로 향하고 있으면 연은 위로 올라갑니다. 그런데 연의 머리가 아래를 향하고 있으면 연은 아래로 내려갑니다. 이와

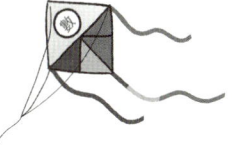

같이 환경과 사건 속에서, 내가 가지고 있는 의식에 따라 나는 매순간 내 생각을 플러스(+)나 마이너스(-), 때로는 제로(0, 변화 없음)를 선택하며 살아갑니다. 즉, 우리가 살아가는 매순간 우리는 삶의 미분을 하고 있는 것이지요.

그리고 그렇게 미분하며 매순간을 살아가면서 삶이 쌓이면, 즉 나의 하루 하루가 모이면 내 삶이 됩니다. 이것이 삶의 적분입니다. 내가 플러스로 미분을 해나갔다면, 내 삶의 적분은 플러스의 값을 가지고, 마이너스로 미분을 해나갔다면 내 삶의 적분은 마이너스의 값을 가집니다. 삶은 더 복잡하지만 단순하게 3가지로 그려봅니다.

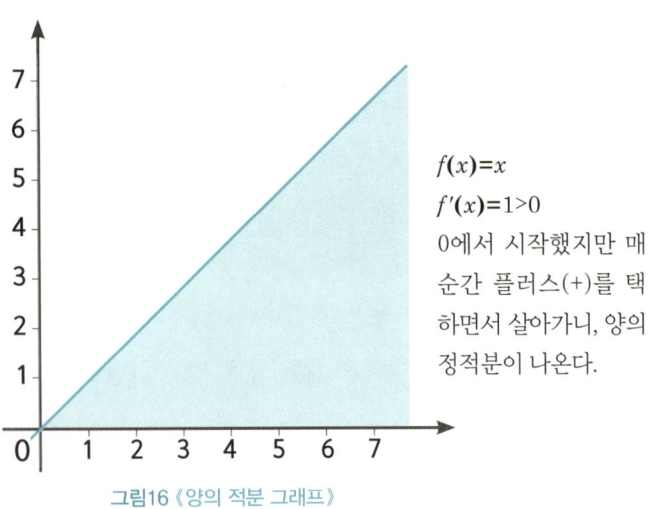

$f(x)=x$
$f'(x)=1>0$
0에서 시작했지만 매 순간 플러스(+)를 택하면서 살아가니, 양의 정적분이 나온다.

그림16 《양의 적분 그래프》

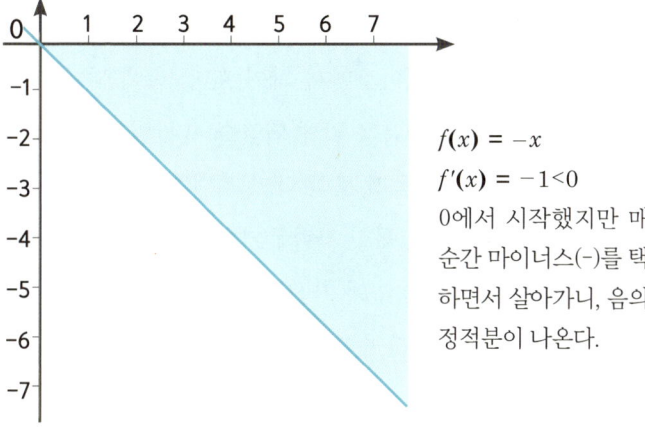

$f(x) = -x$
$f'(x) = -1 < 0$
0에서 시작했지만 매 순간 마이너스(−)를 택하면서 살아가니, 음의 정적분이 나온다.

그림17《음의 적분 그래프》

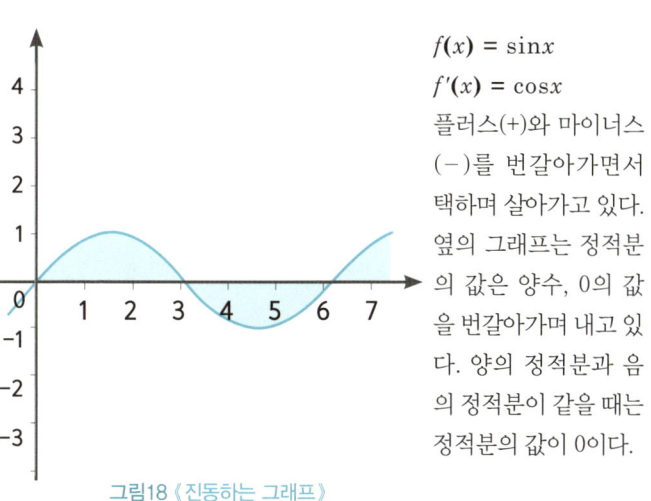

$f(x) = \sin x$
$f'(x) = \cos x$
플러스(+)와 마이너스(−)를 번갈아가면서 택하며 살아가고 있다. 옆의 그래프는 정적분의 값은 양수, 0의 값을 번갈아가며 내고 있다. 양의 정적분과 음의 정적분이 같을 때는 정적분의 값이 0이다.

그림18《진동하는 그래프》

너무 피곤한 하루의 끝에, '왜 이렇게 피곤하고 마음이 무겁지?' 하고 제 자신을 돌아보면서, 제가 또 일 속에 빠져 내 삶을 미분하지 않고 있었음을 알게 되었습니다. 일을 목적으로 살아가던 순간들을 떠올려 보니, 내가 하던 일이 방해를 받거나 일을 철저하게 하지 못한 사람들에게 원망과 불평의 마음이 나갔음이 보였습니다. 내 자신을 돌아보기보다는 상대의 부족만을 탓하며 살아간 순간들이 보였습니다. 즉, 마이너스로 내려오던 제 자신의 삶의 무게에 짓눌려 피곤하고 기쁨이 사라진 제 삶의 적분이 보였습니다.

다시 정리해 보았습니다.

'일이 목적이 아니라 영혼의 성장이 목적이다. 그렇다면 일을 하는 가운데 내 영혼이 성장할 수 있는 방법을 찾자. 일이 방해를 받아서 내 마음에서 원망이 나온다면, 이때 상대방의 잘못을 탓하는 것이 아니라, 이런 기회 때문에 내 속에 숨어 있던 원망의 마음을 보게 되었구나. 당장 이 마음을 없애버리자. 이런 기회가 있어서 내 마음의 부족을 보게 되었으니 감사한 상황이었구나.'

'돕고 위하는 것이 플러스로 가는 방법인데, 지금 이 상황에서 내가 도울 것은 무엇이지? 마침 쓰레기가 보이는데, 이것을 즐겁게 줍는 것이 나의 영혼이 플러스로 가게 돕는 것이고, 다른 사람에게도 쾌적한 환경을 만들어주는 것이니, 이것이 지금 내가 할 일이다. 지금 이 분을 만났는데, 사랑과 공경의 마음을 담아서 인사하는 것이 플러스로 가는 것이다.' 이렇게 제 자신을 인식하면서 플러스를 선택하면서 다시 하루를 살아가니, 다시 마음이 기뻐지고 풍요로워졌습니다.

습관이 만들어지기 위해서 대략 3개월이 필요하다는 연구결과를 본 적이 있습니다. 매 순간마다 플러스 미분이 저절로 되기 위해서 하루 하루를 플러스로 적분해가는 것이 중요합니다. 플러스로 살아서 쌓인 삶의 적분의 힘은 누구도 가져갈 수 없는 든든한 나의 의지처가 됩니다.

사 례

내가 기분이 좋은 그 순간이 느껴지세요?
내가 기분이 나쁜 그 순간이 느껴지세요?
그 순간을 어떻게 보내시나요?
감정이 느껴지는 그 순간이 바로
내가 미분을 할 수 있도록 도와주는 좋은 신호입니다.

소풍을 가야할 때였습니다. 서울에 있는 대학으로 탐방을 간 후에 소극장에서 연극을 보기로 한 현장체험학습이었는데, 변두리의 고등학교여서 그랬는지, 저희 반 아이들은 서울에 있는 대학으로 진학이 어려운 자신들에게는 맞지 않는 소풍으로 느껴졌던 것 같습니다. 그때 저희 반의 아이들에게 부정적인 생각이 퍼졌고, 많은 수의 학생들이 소풍을 가지 않겠다고 하였습니다. 저는 조회 시간에 학생들에게 '그 대학에 진학이 가능하기 때문에, 가는 것이 아니라, 우리의 추억이고, 그곳에서의 문화를 배우는 것이다. 나는 우리가 모두 다 같이 가서 좋은 추억을 만들었으면 좋겠다'라고 하였습니다. 그러자 한 학생이 제게 이렇게 물었습니다.

"선생님, 그거 진심이예요? 아니면 우리가 소풍을 안가면 선생님에게 뭐 손해 가는 것이 있어요?"

그 말을 듣고, 저는 학생의 눈을 바라보며, 이야기했습니다.

"선생님은 진심입니다. 여러분이 가지 않는다고 해서 선생님에게 손해될 것은 없습니다. 이것은 여러분의 인생입니다."

그렇게 말하고 나서, 저는 제 마음이 진심인지 다시 스스로에게 물었습니다. 저는 다른 마음은 없었습니다. 다만, 스스로 다시 질문했던 이유는 아이들을 사랑하는 마음이 진심인지 확인하기 위해서, 그리고 그 사랑이 더욱 진심이 되기 위해서는, 제게 그렇게 질문한 부정적인 학생에 대해서 불편하거나 거리낌이 없는 풍성한 사랑의 마음을 이루기 위해서였습니다. 그래서 사랑하기 위해 정리해 보았습니다.

너는 무엇인가 어른들에 대한 마음의 상처가 있구나. 그래서 진실한 사람이 다가와도 믿지 못하고 불신과 부정을 표현하는 구나. 그래, 무조건 긍정적인 아이는 교사인 내 마음에 포함되어 있는 1%의 미움이나 부정을 느끼지 못하지만, 너는 그것을 잘 느끼겠구나. 앞으로 너는 나의 지표식물(오염물질을 민감하게 느끼는 식물)이다. 네가 내게서 더 이상의 부정을 느끼지 않고, 믿을 수 있을 때, 그때가 바로 내가 변화되는 때이다.

이렇게 정리를 하고 나니, 그 아이가 제게 보내는 여러 가지 부정적인 반응이 더 이상 상처로 다가오지 않았습니다. 오히려 그 아이의 반응을 살피면서 내 마음의 상태를 점검하게 되니, 감사했습니다.

일 년이 마무리가 되어갈 쯤, 그 아이가 제게 이렇게 말했습니다.

"전 선생님이 말씀하시는 것은 다 믿어요."

그 말을 듣고, 저는 제가 했던 노력이 헛된 것이 아니었음을 알게 되었습니다.

7. 양의 무한대 : 배우고 성장하는 기쁨

무한수열 $\{a_n\}$에서 n의 값이 한없이 커질 때, 일반항 a_n이 일정한 수 L에 한없이 가까워지면, $\{a_n\}$은 L에 수렴한다고 하며, $\lim\limits_{n\to\infty} a_n = L$이라 한다.

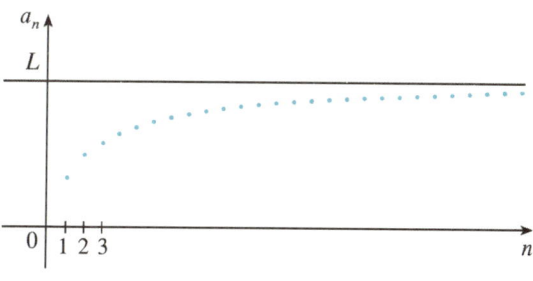

수열의 극한 또는 함수의 극한에서 x가 무한히 커질 때, 수열의 항의 값 또는 함숫값은 수렴하거나 발산합니다. 수렴이란 함숫값이 하나의 실수로 무한히 가까워지는 것입니다. 수렴하는 함숫값(수열의 항의 값)을 바라보며 제 마음의 소원이 떠올랐습니다.

$$\lim_{x\to\infty} f(x) = a$$

저는 여기서 x는 시간, $f(x)$는 내 의식으로 선택하면서 이루어가는 내 자신으로 비유하고 싶습니다. 그리고 a는 제가 닮고 싶은 진리의 하나님으로 비유하고 싶습니다. 시간이 지날수록 진리를 깨달아가며, 내 자신이 아름다운 의식으로 변화되어, 진리의 하나님을 닮아가며 하나님의 성품으로 수렴해가고 싶습니다.

발산하는 것 중에는 '무한히 커지는 상태(∞)', '무한히 작아지는 상태(-∞)', '진동'이 있는데, 이 중에서 무한히 커지는 양의 무한대(∞)로의 발산에 대해서 이야기하고자 합니다.

$$\lim_{x \to \infty} f(x) = +\infty$$

저는 여기서 x는 시간, $f(x)$는 내가 선택하면서 이루어가는 내 의식에 비유하고 싶습니다. 양의 무한대로 발산하는 $f(x)$란 어제는 옳았다고 선택했던 내 생각과 말과 행동이, 오늘에 와서는 부족함이 보여서, 더 나은 생각과 말과 행동을 택하게 되고, 그래서 플러스로 계속 성장하는 의식을 표현합니다. 어제와 오늘이 같고 오늘과 내일이 같다면 재미없는 인생일 것입니다. 물론 먹고 일하고 계절이 변하고 살아가는 환경은 반복될 수 있습니다. 그러나 그 속에서 살아가는 나는 계속 성장하고 있습니다. 이 성장은 내가 죽을 때까지 끝없이 계속될 수 있다는 사실이 참으로 행복합니다.

　거짓과 속임의 마음에서 어떤 상황에서도 정직한 마음으로의 성장. 게으르고 태만한 마음에서 부지런하고 성실한 마음으로의 성장. 남이 해주기를 바라던 의존적인 마음에서 스스로 모든 일을 해나가려는 독립적인 마음으로의 성장. 남의 탓을 하던 마음에서 내 부족을 찾는 마음으로의 성장. 손해 보기 싫어하던 마음에서 이익과 손해와 상관없이 돕고 위하는 마음으로의 성장. 남의 일과 내 일을 구분하던 마음에서 모든 일을 소중하게 생각하는 마음으로의 성장. 남에게 사랑받기를 원하던 마음에서 내가 먼저 사랑하는 기쁨을 알아가는 마음으로의 성장. 남의 말을 가볍게 듣던 교만한 마음에서 남의 말을 듣고 배우는 기쁨을 알아가는 겸손함으로의 성장. 부딪히는 것을 두려워하던 여린 마음에서 옳은 것은 내 목숨을 바쳐서라도 지키려는 강한 마음으로의 성장.

　이 성장은 오늘도 계속되고 있으며,
　죽을 때까지 더 진실하게 성장해갈 것입니다.

사 례

저는 교사가 된 첫 해에는 제가 할 수 있는 유일한 방법이었던 일제식 설명수업만 하였습니다. 그리고 그 다음해에는 태도 수행평가를 도입하여 학생들의 발표를 일일이 체크하면서 평소의 수업태도를 평가에 의미 있게 반영하였습니다. 그 다음해에는 협동학습을 배워서 수업에 도입하였습니다. 그 다음해에는 수학일기를 써서 자신의 수업을 반성해보는 수업을 하였습니다. 그 다음해에는 고등학교에 가서 고등학교 수학을 모두 훑으면서 중학교의 내용을 복습해가면서 고등학교 내용을 가르쳤습니다. 그러면서 핵심을 쉽게 가르치는 법에 대해서 연구를 많이 하였습니다. 다시 중학교에 내려와서는 학생의 발표 수업과 동료 평가를 도입하였습니다. 이와 같이 매 수업이 끝나면 내가 무엇이 부족했는지 찾아서 개선하고, 다음 수업시간에 그 개선된 것을 반영하면서 학생들의 반응을 살피며 발전하는 것은 무척 재미있었습니다. 이렇게 내 자신의 수업을 반성하고 더 나은 방법을 찾아서 개선해가면서, 배우고 성장하는 것이 얼마나 기쁜지 알게 되었습니다.

반면에 이렇게 노력하다 보니 노하우가 쌓이면서, 이 정도면 '잘 가르치지' 하는 교만에 빠진 적이 있었습니다. 저보다 잘 가르치는 교사가 옆에 있는 것을 알면서도 찾아가서 배우지 않았습니다. 그 해에 교사 선택 방과후학교를 실시하였는데, 다른 수학교사에 비해 제가 학생들에게 선택을 받지 못한 일을 겪으면서, 배우지 못하는 교만이 얼마나 나의 성장을 막고, 괴로운 일인지 처절히 경험하게 되었습니다.

그 이후로는 '교만은 죽음'이라는 것을 가슴에 새겨서, 누구를 만나든지 나보다 나은 부분은 배우려고 노력했고, 배우게 되었습니다. 항상 내 마음자세가 높아져 있는지 살피면서, 배우지 못하고 있는지 점검하게 되었습니다.

수학만 잘 가르치는 교사가 아니라
수학과 인성을 같이 잘 가르치는 교사가 되고 싶습니다.
수학만 잘하는 것이 아니라 행복한 사람이 되도록 돕고 싶기 때문입니다. 더구나 마음자세가 바로 되어야 수학공부도 잘할 수 있습니다. 인성이 바르게 되어야, 그 사람이 가지고 있는 모든 지식과 기술이 많은 사람을 도울 수 있기 때문입니다.

8. 문제해결법 인성교육

문제가 내게 다가왔는데,
스스로 문제라고 인식하지 못함.
문제가 내게 다가왔는데,
문제라고 인식했으나 답이 없다며 푸는 것을 포기.
문제가 내게 다가왔는데,
문제라고 인식했으나 문제를 해결하려고 하지 않고 회피.

문제를 해결하다가,
오답을 냈는데도 오답인지 모름.
문제를 해결하다가, 오답을 냈다는 것을 알고도,
그 이유를 생각하지 않음.
문제를 해결하다가, 오답을 냈다는 것을 알고,
그 이유를 알았는데도 개선하지 않음.
문제를 해결하다가, 오답을 냈을 때,
왜 그런지 이유를 찾아서 개선해나가며 정답으로 해결하기.

어떤 사람이 수학을 잘 할까요?
어떤 사람이 인생을 행복하게 잘 살아나갈까요?

사례

어느 해에는 교사를 하는 것이 너무 힘들었습니다. 그래서 겨울방학 때에 캐나다에서 하는 교사 연수에 2주 동안 참여하였습니다. 자율연수였기에 제가 다 비용을 부담해서 가는 것이었는데, 비싼 비용이 들더라도 답답한 지금 현실에서 벗어나서 무언가 새롭게 되고 싶었습니다. 교사 연수 내용은 좋았고, 캐나다에서 많은 것을 배우고 돌아왔습니다. 그런데 학교에 돌아왔을 때, 나의 현실은 그대로였습니다. 오히려 2주 동안 학교의 현실을 제쳐두었기에 할 일은 더 많았습니다. 밀린 일이야 하면 되지만, 내가 가졌던 고민들은 여전히 해결되지 않았고, 마음의 고민은 그대로였습니다. 그때 깨닫게 된 것은, 내가 지금 닥친 현실에서 생긴 문제는 여기서 해결해야지, 여행을 다녀온다고 해결되지 않는다는 것이었습니다. 오히려 여행을 갔다 오느라 2주 동안 제 문제의 해결을 하지 않아 마음만 더 조급해졌습니다. 문제를 그대로 두고 해결하지 않은 채 도피하면 문제는 해결되지 않고, 오히려 그 문제가 저를 따라다녔습니다.

어떤 선생님들과 대화를 하던 중 한 분께서 이런 말씀을 하셨습니다.

"뭔가 재미있는 일이 없을까?"

이 말씀은 학교에서 너무 재미가 없으니, 학교 밖에서 뭔가 재미있는 일이 있을까 하는 뜻으로 묻는 질문이었습니다. 그 말씀을 듣고 곰곰이 생각해보았습니다. 내 하루의 절반 이상을 생활하는 곳이 바로 학교였습니다. 고등학교에서 근무한 적이 많았기에 아침 일찍 출근하고 밤늦게 퇴근하기 일쑤였습니다.

그런데 학교 안에서 재미가 없고 기쁨이 없다면 나는 내 인생의 절반을 재미없게 살아가는 것이었습니다. 그래서 저는 그 이후로 학교 안에서 재미있게 살아가는 방법을 찾기 시작했습니다. 가장 좋은 첫 번째는 내가 만나는 학생들과 선생님들을 사랑하는 것이었습니다.

학생들을 위해 내가 할 수 있는 일이 무엇일까? 내가 어떻게 해야 상대방을 기쁘게 할 수 있을까? 돕고 위하는 것을 찾아서 행하는 것이 바로 제 기쁨이었습니다. 어제와 오늘이 똑같았을 때, 저는 재미가 없었습니다. 그래서 오늘 어제와 하나라도 더 새롭게 시도하는 것을 실천했습니다. 학교 환경을 아름답게 꾸미기도 하고, 수업을 더 효과적으로 하는 방법을 찾고, 더 사랑하는 방법을 찾아갔습니다. 지금은 학교에 오는 것이 너무 즐겁습니다. 학교에 일찍 오고 싶고, 집에 있다가도 학교에 오고 싶습니다.

학교 연못에 심은 수련

학교에 만든 꽃밭

제4회 수학에세이 대회

수학과

작품 주제

더 진실하게, 더 성실하게, 더 부지런하게, 더 정직하게,
더 돕고 위하며, 더 섬기고 공경하며, 더 배려하며, 더 이해하며, 더 용서하며
더 긍정적으로, 더 적극적으로, 더 능동적으로, 더 창조적으로
자신의 삶을 바꾸어나간 구체적인 실천사례(2018년도에 실천한 내용, 위의 조건 중 하나 이상)와 자신의 사례를 비유할 수 있는 수학적 개념을 표현하여 작성해서 내기.

참가 자격 : 세종과학예술영재학교 재학생

일정 : 2018. 3. 26.(월) - 6. 11.(월) 19:00 까지

형식 : A4 한 페이지에 수필 형식으로 자유롭게 작성 (아래 양식 참고)

제목
1213 이름 ○○○
수학 수식
수학 그림
(에세이 작성 - 자신의 실천사례와 그것을 비유하는 수학적 개념)

* 제출 : jsviolet@sasa.hs.kr (책 제본을 위해 파일로 제출함.)

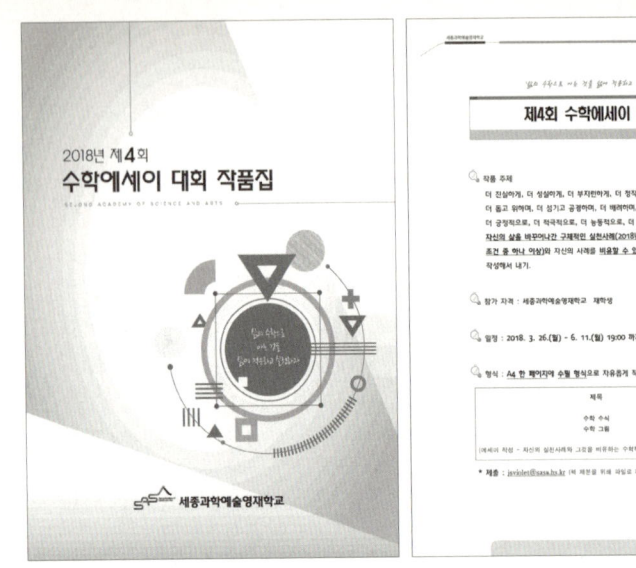

학생들이 인성수학을 적용할 수 있도록 수학에세이 대회를 개최함

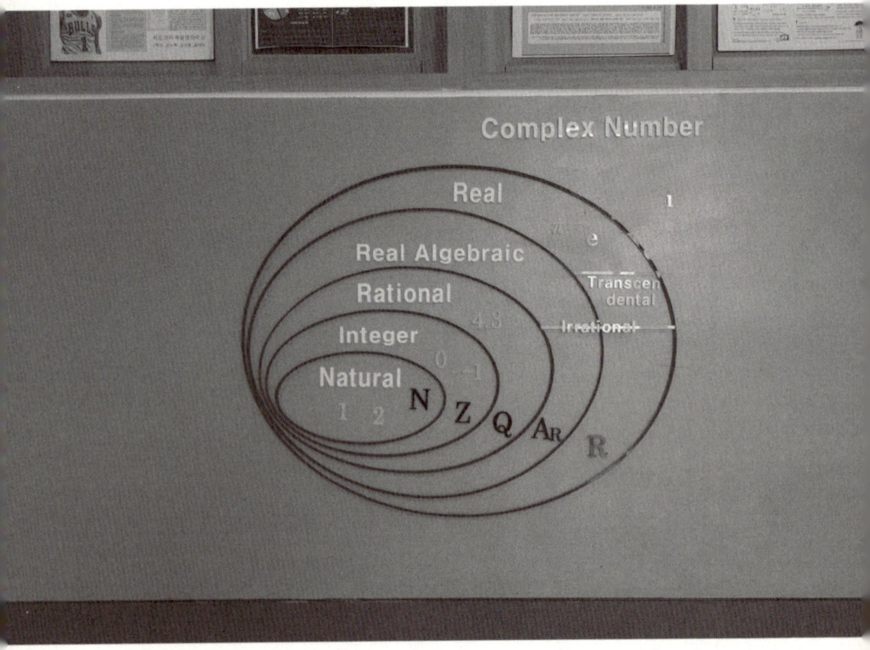

교실 벽에 붙여놓은 아크릴로 만든 수의 체계

토요일이나 방학 때 가끔씩 농장에 가서 스승님께 농사짓는 법을 배웠습니다. 그러던 어느 날 새롭게 발령받은 신설학교에 만들어진 텃밭을 보고, 그곳에 아이들과 제대로 농작물을 길러야겠다고 생각했습니다. 여러 가지 농작물을 심어서 기르고 수확하는 기쁨을 맛본 아이들은 감자를 캐면서, '땅에서 보물을 캐는 것 같아요.'라고 이야기하면서 좋아했습니다. 그리고 학교 담장에 클레마티스(덩쿨식물)를 심어서 아름답게 가꾸었습니다. 학교생활이 바빠서 농장에 자주 가지 못하였지만, 옆에서 지켜보고 조금씩 배웠던 농사경험들이 학교에서의 교사생활에 변화를 주었습니다. 이전에는 텃밭 교육에 대한 생각을 하지도 못했었고 소극적으로 살아왔던 제가 가는 곳곳마다 생명을 키우고, 적극적으로 제가 있는 환경을 아름답게 가꾸며 변화시키는 사람이 될 수 있도록 영향을 주신 스승님께 감사드립니다.

내가 일하고 있는 그곳에서 마주치는 어려움들을 회피하지 않고 적극적으로 진실하고 성실하게 살아가는 것이 행복하게 살아가는 비결임을 알게 되었습니다.

아이들과 텃밭에 고랑 만들기

아이들과 같이 튤립 심기

텃밭에 자라고 있는 농작물

학교 담장에 심은 클레마티스

9. 연산, 항등원, 역원 인성교육

> $a+0 = a$: 0은 덧셈에 대한 항등원
>
> $a+(-a) = 0$: $-a$는 a의 덧셈에 대한 역원

인생을 살아가면서 만나는 사람들과 사건들에 대해서, 우리는 마음에서 연산을 하기 시작합니다.

'숙제가 주어졌다'
마음에서 어떤 연산이 작동하나요?
긍정의 연산이 작동하나요? 부정의 연산이 작동하나요?
이해의 연산이 작동하나요? 불만의 연산이 작동하나요?

'저 아이는 왜 저렇게 시끄럽게 하지?'
마음에서 어떤 연산이 작동하나요?
사랑의 연산이 작동하나요? 미움의 연산이 작동하나요?

'저 아이가 이렇게 쉬운 것을 모르네.'
돕고자 하는 연산이 작동하나요? 멸시하는 연산이 작동하

나요?

  내가 택해왔던 연산은 점점 나의 습관이 되어서, 나도 모르게 그 연산을 사용하게 됩니다. 그런데 마이너스의 연산을 택할수록 마음은 괴로워지고, 내 옆에 친구도 없어지고, 행복도 없어지게 됩니다.

  내가 택해왔던 멸시의 연산에서 되돌아오려면 그 연산의 역연산인 돕고 위하는 연산을 해야 합니다. 10만큼 갔다면, 10만큼 역원을 연산해야 합니다. 그래서 비로소 항등원에 도달했을 때, 마음이 평안해집니다.
  그런데 이 항등원의 자리, 곧 제로(0)의 자리는 조금만 잘못 택하면 다시 부정의 연산을 택하기 쉬운, 마이너스의 바로 옆자리입니다. 그래서 항등원에서 만족하지 말고, 긍정의 연산을 계속 해나가서 플러스로 가야 합니다. 웬만한 일로는 긍정에서 떠나지 않는 마음이 되기 위해서요.

  이것이 삶의 연산과 역원과 항등원입니다.

사례

여러분이 오늘 하루 살아가면서 주로 사용하는 마음의 연산은 어떤 것입니까?

나의 손해와 이익을 생각하는 연산을 주로 사용하십니까?
나의 손익과 상관없이 돕고 위하는 연산을 주로 사용하십니까?

내가 해야 할 일, 남이 해야 할 일을 구분하며, 조금이라도 내가 일을 더 하는 것에 대해 불평하고, 남이 일을 못하면 비판하는 연산을 주로 사용하십니까?
내 일, 남의 일 구분하지 않고 성실히 일하며, 내가 있는 가정과 직장을 더 발전시키기 위한 연산을 사용하십니까?

다른 사람을 이용해서 어떻게든 내게 이익이 될 수 있는 것을 생각하는 연산을 사용하십니까?
다른 사람을 돕고 위하고 사랑하는 연산을 사용하십니까?

상황과 사건이 닥쳤을 때, 다른 사람과 상황과 부모와 나라를 탓하는 연산을 사용하십니까?
어떤 상황에서든 내가 부족한 것이 무엇인지 찾아서 개선하며 나를 발전시키는 연산을 사용하십니까?

위의 마음의 연산들은 제 마음에서 발견되고 보완해 온 것들입니다.

그런데 혹시 일에 빠져서 내 마음에서 어떤 연산이 작용되고 있는지 보지 못할 때가 있으신가요?

내가 살아가는 매일의 순간 속에서
내 마음에서 사용하는 연산이 보이십니까?
아니면 내 연산에는 관심이 없고, 혹시 남의 연산만 보시나요?

남의 연산이 잘 보이신다면, 그것이 거울이 되어, 나의 연산은 어떠한지 내게 가져와서 생각하시나요?

남의 부족한 연산을 보고 비판, 무시, 멸시, 원망, 미움의 연산을 작동시키시나요? 아니면 그것을 어떻게 도와줄 것인지, 돕고 위하는 연산을 작동시키시나요?

10. 공역, 치역 인성교육

> f가 정의역 D에서 공역 Y로의 함수일 때,
> f의 함숫값들만 모아놓은 집합을 치역이라 하고,
> 치역을 $f(D)$라 하면, $f(D) \subset Y$이다.

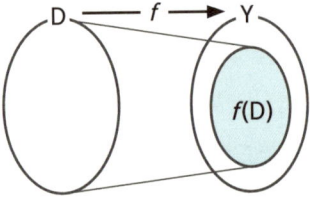

 우리는 함수를 정의할 때, x의 값들이 속한 영역인 정의역, y의 값들이 속할 영역인 공역을 생각해서 정하게 됩니다. 그리고 공역 중에서 함숫값들만 모아놓은 집합을 치역이라고 합니다. 수학에서는 각각의 함수에서 주어진 정의역에 대한 치역을 확인하는 것이 중요합니다.
 그런데 인생에서도 이 치역을 확인하는 것이 중요합니다. 공역, 치역의 용어를 삶의 수학의 관점에서 바라보면서 이런 생각을 했습니다.

'막연하게, 이렇게 될 것이다 라고 두리뭉실하게 잡아놓은 것이 공역이고, 삶의 함수에 대입해서 정확한 함숫값만 모아 놓은 것이 치역이구나.'

  플러스(+), 제로(0), 마이너스(-)에 대해서 오늘 하루 실천해 보시고, 정말 어떠한 결과가 나오는지 정확한 삶의 함숫값들을 모아서 치역을 만들어 살펴보세요.

  정직하면 무엇이 좋은지, 내게만 좋은지, 남에게만 좋은지, 어떤 일이 일어나는지. 만약 정직했는데, 부작용이 생겼다면 왜 그런지. 왜 플러스를 택했는데, 부작용이 생겼는지. 내가 무엇이 부족했는지, 정말 정직한 것이 문제였는지, 다른 것이 부족했는지.

  하나 하나에 플러스의 가치를 선택해서
  삶의 함수에 넣어서 실천해 본 후에
  그 결과가 어떻게 되는지 그 함숫값을 정확하게 살펴보세요.

  이것이 바로 수학적인 삶입니다.
  인성도 수학입니다.
  원인과 결과가 정확하지요.
  우리의 인생도 마찬가지입니다.

사례

정직해 보니 무엇이 좋았습니까?
이 질문에 대한 대답이 바로 나오십니까?
막연하게 '정직하면 좋겠지' 라고만 떠오르십니까?

내 인생에서 절대 거짓말하지 않겠다고 다짐하고 '정직'을 염두에 두고 실천해 보신 적이 있으십니까?
저는 정직을 실천해 보니 다음과 같았습니다.

정직하기 위해서는 제가 제 일을 철저히 해야 했습니다.
정직하기 위해서는 모든 일을 분명하게 해야 했습니다.
정직하기 위해서는 제 사심대로 어긋나게 일을 처리할 수 없었습니다.
정직하기 위해서는 게으르지 않고 부지런해야 했습니다.
정직하기 위해서는 제 양심에 거리낌이 없어야 했습니다.
정직하니 다른 사람들이 제 말을 믿었습니다.
정직하니 윗사람도 저를 무시하거나 함부로 대하지 못했습니다.
정직하니 조언이 필요할 때, 저를 불러서 제 의견을 묻는 일이 생겼습니다.
정직하니 저를 믿고 제게 일을 맡겼습니다.

정직하니 제 앞에서 거짓으로 행해지던 일들이 없어지기 시작했습니다.

이와 같이 막연하게 좋을 것이다가 아니라, 내가 직접 내 삶에서 실천해서 얻어지는 결과를 살펴보아야 합니다. 나는 어떻게 변하는지, 상대방은 어떻게 변하는지, 주변 환경은 어떻게 변해가는지.

이것이 바로 공역과 치역의 차이입니다.

막연하게 아는 것으로는 옳은 가치관을 굳건하게 지켜나가지 못합니다. 하나라도 반드시 실천해서 그것의 결과가 어떻게 되는지 끝까지 살펴보아야 합니다. 그리고 옳은 것을 실천했는데 부작용이 나왔다면 내가 어디가 부족해서 그렇게 되었는지 찾아서 개선해가야 합니다. 이것이 바로 나부터 시작해서 내가 있는 환경을 개선해가는 방법입니다.

내 삶에서 '정직'을 실천해서 그 결과가 어떻게 되는지 결과(치역)를 살펴보세요. 실천하기 전에는 막연하게 아는 것(공역)이지만, 실천해서 함숫값들을 모아서 치역을 만들어가는 그것이 바로 내 인생의 열매를 맺어가는 것입니다.

11. 수학적 귀납법 인성교육

> (1) n이 b일 때, 주어진 명제가 참임을 보인다.
> (2) n이 $k(\geq b)$일 때, 주어진 명제가 참이라고 가정하였더니, 이로 인해 n이 $k+1$일 때에도 명제가 참이 됨을 보인다. 그러면 주어진 명제는 모든 자연수 n에 대해서 성립한다.

고등학교에서 배우는 대표적인 증명방법 중 두 가지가 수학적 귀납법과 귀류법입니다. 수학적 귀납법이란 자연수로 이루어진 명제 $p(n)$을 증명할 때 사용합니다. $p(1)$(또는 초깃값)일 때, 주어진 명제 $p(n)$이 성립함을 보입니다. 그리고 $p(k)$가 성립한다고 가정하고, 이로 인해 $p(k+1)$이 성립한다는 것을 보이면 됩니다. 그러면 모든 자연수에 대해 주어진 명제 $p(n)$이 성립한다는 것을 보인 것이 됩니다.

수업 첫 시간에 학생들에게 두 가지를 강조합니다. '정직'과 '성실'입니다. 어떤 경우에서도 정직할 것을 마음에 다짐하고, 정직을 실천해 본 후 그 결과를 살펴보라고 합니다. 보통의 선한 사람들은 자신이 정직하다고 생각합니다. 또는 자신을 깊이 성찰해 보았던 사람은, 인간은 항상 정직할 수는 없다고 생각합니다. 그렇기에 누구나 알고 있는 보편적인 진리라고 막연하게 생각하고 지나칠 것이 아니라, 이러한 가치에 대한 명제를 세우고, 정말 그런지 내 삶 속에서 증명해보아야 합니다.

'정직'이라는 것을 인식하여, 내 자신이 정직하면 어떤 결과가 오는지 인식하고 실천해보아야, 정직하면 자신뿐만 아니라 남에게도 어떤 결과가 온다는 것을 확실하게 인식하게 됩니다. 조금만 생각해보면, '정직하면 신뢰를 얻는다.'라는 명제를 금방 세울 수 있습니다.

그리고 그 명제가 참인지 증명하기 위해 정직을 인식하고 실천하다보면, 내 자신이 거짓말을 하려는 순간들이 보입니다. 그럴 때, 왜 거짓말을 하려고 했는지 그 원인을 찾아봅니다. 보통 남에게 잘 보이고 싶지만, 내 속에 부족한 것들이 있어서 그것을 감추고자 할 때 거짓말을 하게 됩니다. 이때, 거짓말을 하고자 하는 마음을 이기고 정직을 실천합니다. 그러면 내 부족을 더 빨리 인식하게 되어 그 부족을 개선하려고 노력하게 됩니다. 그리고 앞으로도 똑같은 상황에서 정직하기 위해 자신의 부족을 개선하기 위해 노력하게 됩니다. 그러면서 '정직함'으로 인해 나 자신의 신뢰가 쌓이는 것을 실감하게 됩니다. 그렇다면 어떤 상황에서든지 '정직은 신뢰를 낳는다'는 것을 경험하게 되고, 여기서 또 계속 실천하면 '정직을 더할수록 신뢰는 더해진다'는 것을 명백하게 알게 되고, 이로써 '정직하면 신뢰를 얻는다'는 명제는 항상 참임을 보일 수 있습니다.

이렇게 삶에 대한 명제들을 세우고, 정말로 그런지 내 삶 속에서 실천하면서 증명해나가면, 그것이 곧 나의 삶의 가치관이 되고, 나의 바른 인성을 갖춰나가도록 도와줍니다. 그래서 아름다운 삶의 열매가 가득 쌓이게 됩니다.

참이라고 증명되지 않는 생각들은 내 삶을 변화시키지 못하기에, 상황과 환경이 바뀌면 바른 가치관에 따른 올바른 선택을 하지 못합니다. 하나 하나 삶의 참된 명제를 세우고, 수학적 귀납법에 따라 내 삶 속에서 증명을 해서, 아름다운 나의 삶의 가치관을 세우시기를 바랍니다. 그로 인해 매일의 삶 속에서 아름다운 삶을 살아가며 참된 행복을 느끼시기를 바랍니다.

사례

제가 그동안 살아오면서 제 안에 정립된 삶의 참된 명제입니다.

'부지런하고 성실하면 나의 역량이 커지게 되어 내가 하고 싶은 것을 다 할 수 있다.'

'부지런하고 성실하면 남들의 인정과 사랑을 받는다.'

교사가 된 이후로 항상 출근시간보다 1시간 전에 출근합니다. 현재는 2시간 전에 출근한 적도 많습니다. 아침 일찍 내가 해야 할 일들의 우선 순위를 정해서 목록을 작성하고, 그 일들을 하나씩 해나갑니다. 내게 주어진 시간 동안 그 일들을 최선을 다해서 합니다. 그러면서 낭비되는 시간들을 없앨 수 있었고, 일에 신속함과 철저함을 더해서 지금은 일을 잘한다는 평가를 받고 있습니다. 여기에 더 채워야할 것들이 여전히 많지만, 제가 쌓아온 부지런함과 성실함은 저의 중요한 자산입니다.

머리로 알고 있는 삶의 참인 명제에 대해서,
정말 그 명제가 참인지 내 삶 속에서 증명해보세요.
매일 하루 하루 실천하고 싶은 삶의 명제를 적어보시고,
그 명제가 정말로 참인지, 하루 동안 실천해보시고,
밤에 자기 전에 정리해 보세요.

12. 표본, 확률 인성교육

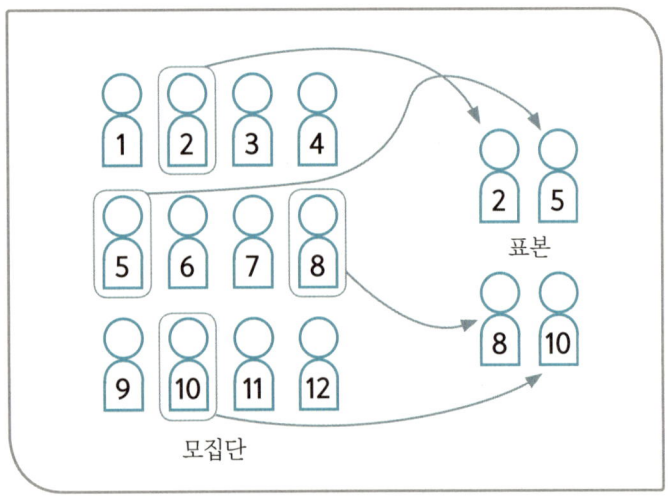

모집단은 자료 전체를 의미하고, 표본이란 모집단 전체를 다 조사하기 힘든 경우에 모집단에서 n개를 뽑은 것을 의미합니다. 시행이란 동일한 조건 하에서 반복할 수 있고, 그 결과가 우연에 의해서 결정되는 관찰, 실험, 조사를 말합니다.

모집단이란 내 마음 속에 있는 모든 것을 의미한다면, 표본이란 그 중에서 필요에 따라 임의로 뽑은 n개를 의미합니다. 제가 살아가면서 만나는 사건과 사람과의 만남을 시행에 비유한다면, 저는 이렇게 생각해보았습니다.

어떤 사건이나 사람을 만났을 때, 내 마음에서 임의로 뽑아지는 표본은 어떠한 것인가요? 내 마음에 10개의 마음이 있다면 그 중에 2개의 표본을 뽑았을 때, 그 2가지가 모두 플러스의 마음인가요? 내 마음에 10개가 모두 플러스였다면 임의로 어떻게 표본을 뽑아도 항상 플러스가 뽑힐 것입니다. 그런데 그 중에 단 1개의 마이너스의 마음이 있고, 마침 그 마이너스인 1개의 표본만 뽑혔다면, 이 때 겉으로 표현되는 나의 마음은 마이너스입니다. 나머지 9개가 플러스라고 하더라도요. 그래서 나중에 마이너스를 택한 것을 후회하더라도, 어찌되었든 내 마음에 있어서 뽑힌 것이기에 변명할 수도 없습니다. 이를 계기로 나의 숨겨진 부족을 발견하였기에 개선하는 것뿐이지요.

그래서 남과 비교해서 상대적으로 내 마음에 플러스가 몇 %가 있는지를 생각하면서 조금 더 우월하다고 좋아하는 것보다, 내 마음속에 있는 마이너스를 찾아서 완전히 없애나가는 것이 중요하다고 생각합니다. 매번 시행 할 때마다 상대방에게 잘 보이려고 머리를 써가며 의도적으로 표본을 뽑지 않아도, 즉 임의로 뽑아도 언제나 플러스가 뽑히도록이요. 그래서 진실한 사람은 일부러 남에게 잘 보이려고 애쓰지 않아도 자신의 마음에 있는 그대로 살아가도 아름답고, 자연스럽습니다.

사례

예전에 교직원 연찬회에 가서, 평소에 친하지 않았던 어떤 선생님께 가까이 다가가 인사를 했습니다.

"안녕하세요?"

그런데 그 선생님께서 제게 이런 말씀을 해주셨습니다.

"나는 자연스러운 것이 좋아요."

이 말씀은 제게 두고 두고 화두가 되었습니다. 제가 그 선생님께 다가가면서 인사한 모습이 자연스럽지 않고 억지가 담긴 인사로 느껴진 것입니다. 원래 저는 사교성이 뛰어난 성격이 아니고 혼자 있는 것을 좋아하던 성품이었기에, 친하지 않은 선생님께 먼저 다가가 인사한 것은 그때 당시 제게 쉽지 않은 일이었고, 의지를 내서 한 행동이었습니다. 자연스럽지 않더라도 사랑하기 위해 의지를 내서 노력한 것이 나쁜 것인가 등 처음에는 제 마음 속이 시끄러웠습니다.

스승님께 이때의 사례에 대해 대화를 하면서, '어색한 것'은 그만큼 제 자신이 사랑과 진실이 이루어지지 않았기 때문임을 깨닫게 되었습니다. 그리고 사랑이 담긴 진실한 마음이 아니고, 억지로 다가간다면, 상대방도 그것을 느끼고 불편할 것임이 이해되었습니다. 그래서 자연스러워지는 것은 곧 내가 진실한 사람이 되어야 이루어지는 것임을 알게 되었습니다. 무엇에든지 자연스럽다는 것은 그것이 내 삶이 되고 항상 하던 일일 때에 가능해지는 것이었습니다.

그러고 보니 저에게는 자연스럽지 않고 의지가 필요한 일들이 많이 있었습니다. 공경의 마음을 담아서 머리와 허리를 깊이 숙여 인사하는 것이 그중에 하나였습니다. 허리를 숙이면서 인사를 하려고 하면 어색함과 부자연스러움이 느껴지면서 내가 공경하는 마음과 삶이 이루어지지 않았음을 절감했습니다. 마음을 담아서 정중하게 인사하는 노력을 하면서 이제는 훨씬 자연스럽게 인사하게 되었습니다.

또한 감정을 공감하고, 사랑의 마음을 가득 담아서 표현하는 것이 어색했습니다. 이 부분은 아직도 노력이 많이 필요합니다. 자연스러워지는 그 날을 바라며 오늘도 노력하고 있습니다.

제게 많이 부족하여 어색한 부분, 그 부분이 자연스럽게 되도록 노력하는 것은 새로운 분야를 개척하는 것과 같습니다. 그리고 이렇게 노력해서 제 부족이 하나씩 개선될 때마다, 제가 예전에는 느끼지 못했던 자유와 기쁨이 느껴지고 새로운 세상이 펼쳐지게 되었습니다.

13. 모범답안의 비유

수학교과서나 문제집에는 모범답안이 제시되어 있습니다.

문제를 풀다가 어려워서 풀지 못하거나 오답을 낼 경우, 자신이 푼 답안이 맞는지 확인하거나 또는 자신이 푼 답안과 다른 방법도 있는지 비교해보기 위해서 모범답안을 참고합니다. 모범답안은 수학문제를 효과적으로 해결하기 위해 유용하게 사용됩니다. 다만 스스로 문제를 해결하려고 하지 않고, 항상 모범답안만 참고하려고 할 때에는 문제해결력과 창의력이 저하되는 단점도 있습니다.

저는 이와 비슷한 개념으로 역대로 훌륭하신 분들을 '성인(聖人)'이라고 지칭하게 되는 이유가 바로 우리 인생의 모범답안으로 그분들을 제시하기 위해서라고 생각합니다. 그런데 참 이상하지요? 우리는 수학문제를 풀면서 모범답안을 보면서 내가 생각지 못한 좋은 방법으로 풀려진 것을 보면서, 감탄을 하고 그것을 보고 배우는데 사용하지, 모범답안을 보면서 나는 도저히 이렇게는 못하겠네 하면서, 자신은 모범답안처럼 절대 풀지 못할 것으로 생각하는 사람은 없습니다. 그런데 성인(聖人)이신 분들에 대해서 생각할 때는, 그분들을 성인이라고 지정하고 성인이라고 부르는 이유가, 그분들만 그렇게 사는 것이 가능하고, 나는 성인이 아니라서 못한다고 생각하는 경우가 많습니다.

성인들만 그렇게 살 수 있고, 성인이 아닌 사람들은 그렇게 살지 못하니까 성인들을 존경하고 숭배하면서, 자신의 능력은 비하하면서 살아가라고 성인들은 절대 생각하지 않으셨을 것 같습니다. 오히려 자신도 그렇게 살 수 있었으니, 모든 사람도 그렇게 살 수 있다고 생각하시고, 직접 살아가시면서 모범을 보이시고, 교훈을 해주셨지요.

우리는 모범답안이 있는 이유를 분명히 알아서, 모범답안의 좋은 점은 다 배우는 삶을 살아가는 것입니다. 그리고 더 나아가 모범답안보다 더 나은 풀이방법이 있는지 찾아간다면, 창의성도 기르면서 행복한 삶을 살아갈 것입니다.

사 례

스승님께서 이렇게 말씀해 주셨습니다.

과학기술은 발전했는데, 왜 사람의 인성은 발전하지 않습니까? 올림픽에서 각 분야의 기술은 자꾸 갱신이 되는데, 왜 사람의 인성은 성인들보다 못할 수 밖에 없다고 생각하십니까? 세상에서 가장 높은 에베레스트 산도 오르면서, 왜 스스로 마음 속에 한계선을 긋고 있습니까?

스승님의 말씀을 들으면서, 여러 성인들의 모든 좋은 점들을 다 배우고 싶었습니다. 그러면서 예전에는 보이지 않던 글들이 마음에 크게 와 닿기 시작했습니다. 율곡 이이 선생님께서 42세 때 지으신 '어린 사람이 깨우쳐야 할 소중한 글'이라는 뜻의 『격몽요결(擊蒙要訣)』에 다음과 같은 글이 있습니다. 옛날 분이지만 그 분의 글을 읽으며, 진실한 친구가 옆에 있는 것 같이 느껴지며 기뻤습니다.

마음에 품은 생각은 얼마든지 좋은 쪽으로 바꿀 수 있는데, 그것은 마음이란 본래부터 정해진 모양이 있는 것이 아니기 때문입니다. 따라서 배운 것을 받아들이고 꾸준히 공부에 힘쓴다면 타고난 것과는 상관없이 어리석거나 못난 사람도 마음먹기에 따라 얼마든지 슬기롭고 똑똑한 사람이 될 수 있는 것입니다. 마음을 고쳐먹고 노력하여 슬기롭고 어질게 될 수 있다면 이보다 더 좋고 중요한 것이 어디 있겠습니까? 그런데도 사람들은 무엇이 힘들다고 슬기롭고 어질게 되려는 마음은 실천하지 않으면서 타고난 용모나 천성만 탓하는지요! 그러므로 사람들이 이와 같은 뜻을 마음속에 간직하여 스스로 굳게 지키고 포기하지 않는다면 누구나 올바른 사람에 더욱 가깝게 될 수 있습니다.

율곡 이이 선생님께서도 성인과 범인이 따로 있는 것이 아니라 누구나 성인의 삶으로 살아갈 수 있음을 말씀하셨습니다. 학문을 공부하는 이유도 올바른 사람이 되기 위해서라고 하셨지요. 고대 그리스 시대에 수학자가 철학자였던 것도 이러한 맥락에서 이해됩니다.

자기 자신을 바로 세워가는 공부와 관계없는 지식만 쌓는 학문 공부를 하고 있다면 인생의 귀한 시간을 제대로 살아가고 있지 못한 것입니다.

닫는 글

교사는 자신부터 가르칠 줄 알아야
학생들을 가르칠 수 있습니다

'인성수학 인생수학'이라는 책을 읽으시면서,
학생들을 지도한 내용이 많이 있을 줄 알았는데,
교사인 제 자신의 삶을 돌아보고 개선한 이야기가 많아서
'이것이 왜 인성교육이지?'라고 생각하신 분들이 있을 것 같습니다.

학생들에게 수학적 인성교육의 내용들을 제시하는 것은 어쩌면 한 시간이면 다 끝날 수도 있을 것 같습니다.

그러면 그 다음부터는 학생들은 교사인 제가 정말로 그렇게 살아가는지 지켜보게 됩니다. 즉, 학생들은 교사의 말이 아니라 교사의 삶을 보고 배웁니다. 또한 제가 그렇게 살아가고

있을 때, 제가 하는 말에 힘이 있고 감동이 있습니다. 진실함이라는 것은 말로는 이해하기 어렵습니다. 내 앞에서 진실하게 살아가고 있는 사람을 볼 때, 그것이 바로 내가 모방할 수 있는 좋은 예제가 되는 것입니다. 먼저 교사가 예제 풀이를 몸소 삶에서 보여주면, 학생들은 자신의 삶 속에서 선생님이 예제를 풀었던 것을 따라서 자신도 해볼 수 있게 됩니다. 또한 학생들이 자신의 삶에 적용하지 못하고 보고만 있으면 그때는 하나 하나 대화로 인도할 수 있어야 하구요. 그러기 위해서는 내 스스로 실천해봐야 학생들을 도울 수 있는 대화를 할 수 있습니다.

교사는 자신부터 가르칠 줄 알아야 학생들을 가르칠 수 있습니다.

수업시간에 교사와 학생의 착각은 교사가 설명을 잘하고, 학생이 잘 듣고 있으면 교사도 학생도, 학생이 내용을 이해했다고 생각하는 것입니다.

내용이 이해가 되었으면, 실전에서 자신이 혼자 풀어야 하는 상황에서 풀 수 있어야 진짜 자신의 것이 된 것인지 알 수 있습니다. 이 글을 읽어서 '수학적 인성교육'이 다 이해가 되었고 다 알았다고 생각할 수 있지만, 그렇지 않습니다. 나의 삶 속에서 직접 적용하여 실천해볼 때에야 정말로 내 것이 되고 이해가 된 것입니다.

'수학적 인성교육'의 내용이 쉬워서 누구나 할 수 있는 말이라고 생각할 수 있지만, 이 내용을 목표로 삼고 이것을 실천하겠다고 다짐하고 하나씩 적용해보시면, 이 말들이 삶이 이루어진 사람이 아니고는 할 수 없는 말이라는 것을 알게 되실 것입니다. 처음에는 노력이 필요하지만, 나중에는 기뻐서 저절로 플러스로 살아가게 됩니다.

인성수학으로 우리나라를 비롯한 전 세계의 모든 사람들이 행복한 삶을 살아가는데 도움이 되기를 소원합니다.

인성수학의 좋은 점

1. 인성이 바로 서면 학문적인 공부는 저절로 됩니다. 그런데 학문적인 공부를 하면서 인성까지도 바르게 되도록 같이 가르칠 수 있으니 일석이조입니다.

2. 인성교육은 때와 장소를 가리지 않고, 항상 해야 합니다. 그러므로 수학수업을 하면서 이를 인성과 접목시켜 교육할 수 있으니, 언제 어디서든 인성교육을 할 수 있는 개념을 제공해줍니다.

3. 수학은 어디에서든지 중요하게 가르치는 과목 중 하나입니다. 수학을 조금이라도 공부한 사람들은 기본적인 수학의 개념이 머리에 들어와 있고, 이를 통해 삶의 수학을 가르치면, 무엇이 자신에게 손해인지, 이익인지 알아서 선택해 갈 수 있는 교육을 할 수 있습니다.

4. 수포자라는 말이 있는 이 시대에 인성수학을 가르치게 되면 수학의 개념이 자기 삶에서 이해가 되기 때문에 수학의 개념이 쉽게 다가와서 즐겁게 수학을 공부할 수 있습니다.

5. 뚜렷한 가치관이 없이 상황에 따라 거짓말을 하고 자기 사심에 따라 어리석은 선택을 하는 사람이 아니라, 수학적으로 개념이 분명하게 정리가 되면, 옳게 살아가는 바른 가치관이 정립이 되어 어디를 가도 누구에게 다스림을 받지 않아도 다른 사람에게 해를 끼치지 않고 바르게 살아가는 자주독립의 사람이 될 수 있습니다.

인생 공식 저자 소개

이상대
- 1936년 출생
- 퍼펙원월드 교육문화원 창립 및 고문
- 1997년 : 『21세기 새로운 세계질서를 위한 교육방법론』
- 2006년 : 『퍼펙원 대화법』
- 2013년 : 『21세기 새로운 세계질서를 위한 교육방법론』 2판

번역에 도움을 주신 분들

신현숙
- 영어학원 원장

Richard Mckinley
- 하버드대학교 영문학과 졸업, 고등학교 영어교사

William Weiss
- 뉴욕대대학원 기계공학과 졸업

손명희
- 재미교포, 인성수학 실천가

전재관
- 영어학원 부원장

테츠오 카이에다
- 미 공군 중령

루이스 스미스
- 영어 강사

Life Mathematics begins with myself
Mathematics for a Life

Kim Jaesook

As you can't get the right answer if you don't take it out as a formula in mathematics,
This is what life is like.

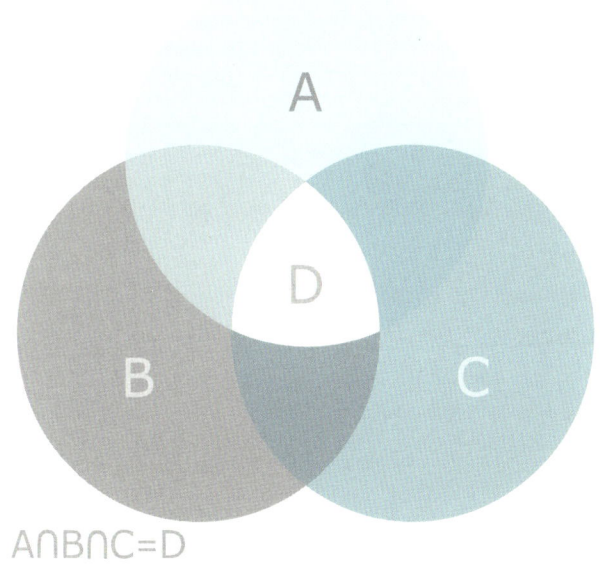

$A \cap B \cap C = D$

"Mathematics for a Life"
revealed to mankind for the first time.

The Greatest revolution theory of mankind,
beginning with Myself.

The Educational Methodology for a New World Order.

I have obtained the permission of Lee Sangdae to publish [Higher Character Education materials] in this book.

I have been sharing [Higher Character Education materials] with my students and practicing Mathematical Higher Character Education.

I would like to dedicate this book to

Lee Sangdae, my true teacher,

he awakened my soul and opened up a new path of

'Mathematics for a Life'.

Opening

Change one's mind

"Change of behaviors

starts from change of thinking."(Lee Sangdae)

I met my mentor, Mr.Lee after three years of teaching. This was what he said to me when he saw that I was struggling with educating my students.

It took me six months to understand this quote.

"Thoughts are causes, and behaviors are results."

Only by changing the causes of behaviors can behaviors be improved. Ignoring the thoughts(causes) and only trying to change behaviors(results) by corporal punishment, penalties or disciplinary actions, may stop the behaviors(results) temporarily But the behaviors(results) will eventually be repeated again because the thoughts(causes) have not changed. This 'Mathematical Higher Character Education' is thoughts(causes)-changing education.

Mathematics is logical, clear and focused.

My mentor awakened me who had studied and taught Mathematics as only being applicable academically.

The more aware I became, the more I realized how suitable math is to express and explain our thoughts and lives. I found that 'Mathematics for a Life' is the fastest way to change people's minds and I desire to let everyone know that a new chapter in 'Mathematics for a Life' has opened. That is why I have written this book.

Math formula, Life formula

When I teach differential and integral calculus in class, I wrote down formulas of them on the blackboard and let students use them. After I describe the reasons and principles of formulas to students, they understand formulas and get the answers by applying the formulas to example questions. The more students apply formulas, the more deeply we understand the formulas. Later, even if there are various problems in the future, all kinds of problems can be solved effectively owing to a deep understanding and application of the formula.

When we face problems in our life, have you ever wished to have a formula for life, like when you solve a math problem and you find the answer?

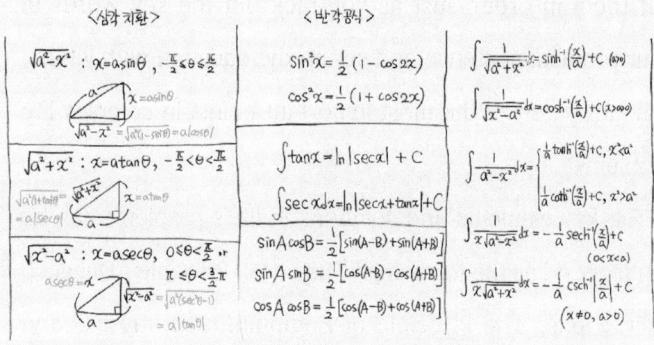

There are also formulas in life.

They're the formulas to help us live our lives happily.

Take a look at the complicated problems in your life and

put them in order. Just as you pick out the key words in your problem sentence and set up the equation with letters, you can organize the most important points in complex life problems.

The key elements and solutions in life's problems can be summarized as the following ; 'Hago(하고) Principle', 'Duego(되고)Principle', 'The Principle of Beginning with myself' and 'Ittgo(있고) Principle'.

These are written by my mentor, Mr. Lee, a true teacher in my life.

What I could have become now,

What I am now is based on my mentor's life and words.

I've been taught by him for fifteen years.

Through my mentor, the meaning of math changed and I achieved deeper understanding from the simple use of knowledge into an attitude of living a life.

I hope that math will be more useful to your lives like it has worked for me.

Intersection

What is the intersection of conditions for a happy life?

What is the intersection of all good customs and cultures?

What is the intersection of morals in all countries?

What is the intersection of all religions?

What is the intersection of living conditions to live without fighting?

What is the intersection of conditions for world peace?

What is the intersection of permanent values that have not changed in the past and present as well?

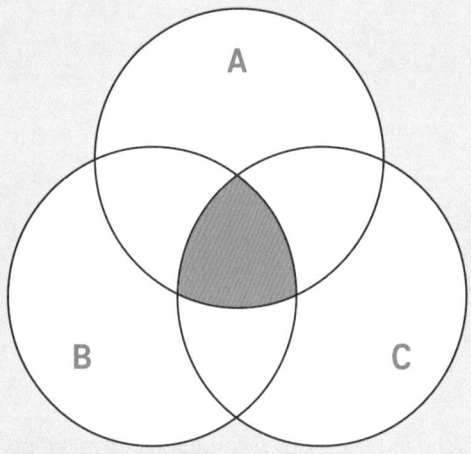

fig.1 《Intersection for a happy life》

    The intersection is the 'Hago Principle' that is presented on the next page.

Life Formula

Hago principle

If I am
truthful and sincere
diligent and honest
helpful and caring
respectful and serving
loving and forgiving
understanding and considerate
progressive and positive
active and creative

Then there will be a place for me to live wherever I go.
And I will realize that blessings come from all of these.

And if I am
lazy and negligent
lying and deceiving
hateful and slanderous
manipulative and contemptuous
ignoring and disdainful
timid and passive
negative

Then there will be no place for me to live wherever I go.
And I will realize that the coming blessings will flee
because of these.

Not using your brain will increase the hardships
of your hands and feet.
If you do not keep these in mind, your life will suffer.
The choice is up to you.

What would you like to choose?
Will you choose to make the coming blessings flee?
Will you choose to make the leaving blessings return?

Lee Sangdae

Life Formula

Duego principle

Do you know the "Duego principle"?
If you do not have money, you can earn it.
If you make a mistake, you can correct it.
If there is something that does not work, you can make it work.
If you are ignorant, you can study and learn.
If there is a need, it can meet it.
If you lack strength, you can work to grow stronger.
If you do not understand, you can ask.
If something is not done well, you can redo it until it is right.
If you can not see the way, you can search until you find the way.
If there is no path, you can make a path.
If you do not have the skills, you can develop them.
If you are unaware, you can become aware
If you live your life by following the "Duego principle", there is nothing you can not do.

If you want to live in a world of trust, you should not lie or cheat.

If you want to live in a world without hate, you should love and forgive.

If you want to be loved, you must be hard working, sincere and truthful.

If you want to live a fulfilled life, you must understand and care for others.

Try it!
It can be done!

Lee Sangdae

Life Formula

The Principle of Beginning with myself (+0-)

The people who cultivate a Utopia are
Beginning with myself,

Beginning with myself,

- do not lie.
- do not cheat.
- do not hate.
- do not blame others.
- do not alienate or abuse others.
- do not disdain or abuse others.
- do not snub others.
- do not indulge in self-interest or
- do not put my desires first.
- do not be indecent or prodigal.
- do not interfere or oppress others.
- do not be arrogant or do not be conceited.
- do not be stingy.
- do not be negligent.
- do not be lazy.
- do not be slothful or complacent.
- do not be dependent on others.
- do not expect service from others.
- do not possess anything that is not given.
- do not be detrimental to others.
- do not manipulate others.
- do not shift the responsibility to others.
- do not be passive.
- do not be half-hearted.
- do not be negative.

- become a person joyful with a life of being truthful.
- become a person exuberant with a earnest life.
- become cheerful with a life of diligence.
- become jaunty with a life of being honest.
- become merry with a life of loving others.
- become glad with a life of forgiving others.
- become joyful with a life of understanding others.
- be cheerful with a life of consideration for others.
- become gleeful with a life of respect for others.
- become merry with a life of being humble.
- become glad with a life of being thorough.
- become joyous with a life of being accurate.
- improve my shortcomings.
- I accept my responsibility.
- I decide to improve my life.
- be independent.
- think of others first.
- become a joyful person to give.
- become a person happy to help others.
- become a person exuberant to love righteousness.
- become a cheerful person with an enthusiastic life.
- become a lighthearted person with a positive life.
- become a glad person with an active life.
- become a gleeful person with a creative life.

The choice is free!

Lee Sangdae

Life Formula

Ittgo principle

Mountains exist to be conquered.
Hills exist to be climbed.
Rivers exist to be crossed.

Eyes are for seeing.
Ears are for hearing.
Mouths are for speaking.
Brains are for thinking.
Legs are for walking.
Hands are for working.

Records are there to be broken.
Jobs are there to be worked.
Problems are there for solving.
Ignorance is there for enlightenment.
Suffering is there to be overcome.

Laziness exists to be overcome.
Complacency exists to be overcome.
Diligence exists to create a good life.
Lies exist to be eliminated.
Honesty exists to make a world of trust.
Hatred exists to be surmounted.
Love exists to make a life of joy.
Creations exist to lead to the best.

In our minds,
Building a mountain, which isn't conquered,
Carving a river, which isn't crossed,
Drawing a boundary, which isn't vaulted.

How about you?

Lee Sangdae

I wonder what you will think after reading the four formulas of life. Not written down in a book, I would rather be face to face, to ask and talk about them with all of you.

Can I venture a guess, as to what's in your mind?

1. It is inspiring.
2. It is so true.
3. It really is this way, I should read them everyday and try them.
4. What's the point? Anyone can say these types of things.
5. Are they real?
6. It is so obvious.

   ......

It seems like you may have all kinds of thoughts about it.

I want to be living evidence of the 'Hago(하고) Principle'.

When I taught 'Ittgo Principle' to students, one of them said,

"The first thought exists to be unsuccessful."

After the students listened to these Principles, like the one above, they reached a conclusion based on their own individual life experiences. I understood what the student meant about his own failure despite his best efforts. I too, know how difficult it is to keep my initial intention. However, I know I am able to regain my footing after falling and stumbling, I do not want to maintain the same conditions that made me fall in the first place, I pick myself up to try over and over again. Gradually, I've come to find various ways to keep my first thought and thanks to those attempts, I've developed good habits as well.

I think that the four formulas of life (Hago Principle, Duego Principle, The Principle of Beginning with myself, and Ittgo Principle) are the 'identity of life'. I believe that it is a formula that always arrives at the right equation in life. I hope that you apply this 'identity of life' to your life and take a note of the result. And I truly wish you to have the happy life as a result of the 'Mathematical life'.

The following article that I have presented to students is an example of 'Mathematics for a Life'.

⋙ The identity of life →

Have you ever experienced a proven identity of life consistently?

I've been experiencing the identity "You reap what you sow" so far. The time is given to everyone equally, but the result is different for each of us depending on how we spend it.

Back in 8th grade, I didn't study because I did not like the teacher. A year later, when I wanted to apply to Science High School, my low math score in 8th grade stopped me from qualifying. When I looked at the mathematical contents of 8th grade, and whenever I got the wrong answers to the questions, I lost self-confidence each time. Belatedly, I had to study 8th grade math all by myself. Long after, when I became a homeroom teacher for 8th graders, I evidently received bad manners from my students as I hadn't minded my manners in my teens. It was not until I became an adult that I experienced and reflected on what my teacher's mind was like when I was a student. Then I truly apologized to my teacher.

Since I was a senior in college, I have tried to get up at five. Now, it's not hard for me to get up early in the morning anymore. In my youth, I didn't even clean up my room, so when I became an adult, I had a hard time. But after I realized that my cleaning habit was lacking, I started practicing cleaning up and now I have become a well organized person. I didn't even know how to care for others and how to love others. But now that I've been working on it more than ten years, love blossomed in me and I became a person who knows how to care.

Readers! This is astonishing, as much time and effort as I have spent, an equal result has returned to me. Therefore, to me, the proposition, "You reap what you sow.", is one of the established identities of life. Because when I sowed and cultivated properly, the result always returned to me honestly. What do you want to sow and cultivate in your life, and what kind of fruit do you want to bear?

CONTENTS

Opening
    Change one's mind   126
    Math formula, Life formula   128
    Intersection   131
Life formula : Hago Principle, Duego Principle,
    The Principle of Beginning with Myself, Ittgo Principle   133

1. Plus, Zero, and Minus Higher Character Education   145
2. Linear Function Higher Character Education   151
3. Quadratic Function Higher Character Education   172
4. The greatest common denominator, and the least common multiple Higher Character Education   179
5. Continuity, and discontinuity Higher Character Education   185
6. Differential, and integral Higher Character Education   196
7. Positive infinity Higher Character Education   204
8. Higher Character Education for problem solving   209
9. Arithmetic operation, identity element, inverse element Higher Character Education   217
10. Co-domain and range Higher Character Education   221
11. Mathematical induction Higher Character Education   225
12. Sample, probability Higher Character Education   229
13. Comparison of answers   233

Closing   237
The merits of Mathematics for a Life   240

Higher Character Education materials

1. Hago Principle — 133
2. Duego Principle — 134
3. The Principle of Beginning with Myself (+ 0 −) — 135
4. Ittgo Principle — 136
5. Life zone1 — 243
6. Life zone2 — 245
7. Many different levels of Consciousness and Ability — 247
8. Quadratic function of between thinking and life — 249
9. Absolute value function and Life — 251
10. Continuity and Discontinuity of thought — 255
11. Discontinuity and continuity — 257
12. Differential and integral calculus are in between thinking and life — 259
13. True Pride — 261
14. The negative effects of arrogance(−) — 263
15. The benefits of being modest (+) — 265
16. Principle of Learning 1(+) — 267
17. Checking Problem Attitude — 269
18. I mean "Let's run my own farm." — 271

Higher Character Education materials

1. Intersection for a happy life (fig.1) — 132
2. plus(+), zero(0), minus(−) (fig.2) — 145
3. Linear function of behavior and consciousness (fig.3) — 151
4. Graph of a constant function of deed and consciousness (fig.4) — 157
5. Graphs of linear function with different slopes (fig.5) — 160
6. Graphs of parallel linear function (fig.6) — 161
7. Graphs of linear function meeting at one period 1 (fig.7) — 163
8. Graphs of linear function meeting at one period 2 (fig.8) — 164
9. Graph of a linear function of material and spiritual (fig.9) — 165
10. Quadratic function of time and consciousness (fig.10) — 172
11. Absolute function graph (fig.11) — 174
12. Quadratic function of time and consciousness (fig.12) — 174
13. Absolute function graph (fig.13) — 175
14. Graph of discontinuity (fig.14) — 186
15. The condition that I fell into a manhole (fig.15) — 187
16. Positive integral function (fig.16) — 197
17. Negative integral function (fig.17) — 198
18. Oscillating graph (fig.18) — 198

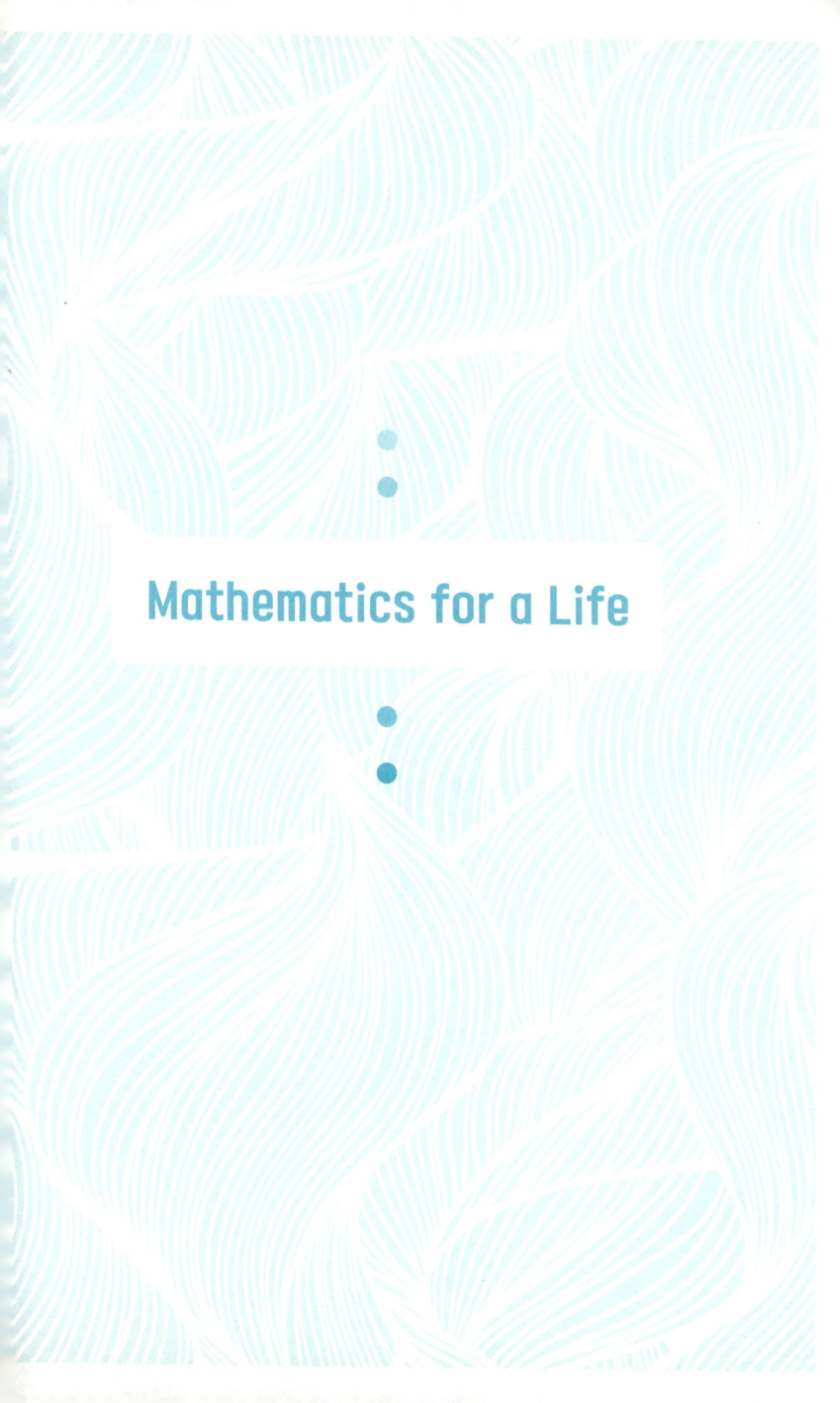

Mathematics for a Life

Do not be afraid of making mistakes.
Making mistakes is recognizing time
for myself about shortcomings.
Now I know, so I can fix it.
- written by Lee Sangdae -

1. Plus, Zero, Minus Higher Character Education

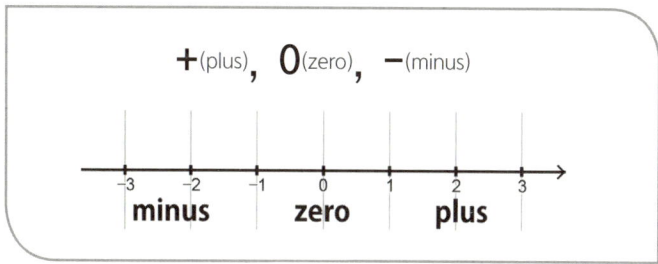

fig.2 《plus(+), zero(0), minus(−)》

There're +, 0, − in mathematics.

There're +, 0, − in life as well.

Once I've determined that, there're two significant directions.(+, −) that I have to choose between.

Honesty or falsehood?

Diligence or laziness?

Love or hatred?

Understanding or grumbling?

Forgiveness or blaming?

Fairness or discrimination?

Righteousness or self-interest?

Enthusiastic or timid?

Positive or negative?

Active or passive?

It's zero, if it is neither love nor hatred.

If you go back and forth between love and hate, the result is still zero. If you've studied mathematics, you know, the concept of +, 0, −.

From now on, be aware of what the Plus, Zero and Minus are in your own life, and then live a life by choosing Plus, that's the 'Mathematical life'.

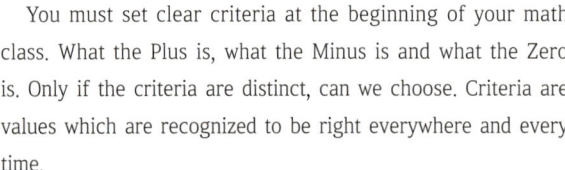

Establish value criteria

You must set clear criteria at the beginning of your math class. What the Plus is, what the Minus is and what the Zero is. Only if the criteria are distinct, can we choose. Criteria are values which are recognized to be right everywhere and every time.

The values of 'Hago Principle'; truthfulness, sincerity, diligence, honesty, helping, caring, respect, serving, love, forgiveness, understanding, consideration, initiative, enthusiastic, activeness and creativeness are the helpful and right values that are mutually beneficial criteria beyond age, nationality and religion. True happiness and world peace can be achieved where these values come true. First of all, these values have come true in my heart, so that I can help others to make these values come true in their lives as well. When the heart and mind have changed, then your words, behaviors and life will be changed. When I am changed, then people around me will be changed, then society and systems will be changed.

Ten years ago, this story began while I was thinking about and putting this teaching into my practice, 'Do not emphasize changing students' behaviors but try to change their thoughts'.

One day, when I got to work early in the morning, I had a chance to take a look outside the window and there was a student who was jaywalking. I felt it was dangerous so I called him in for a conversation.

'Why did you jaywalk?'

As soon as I asked, 'I didn't do it', he lied, not realizing I had been watching him.
The student's remark made me think of many questions.

'Why did he lie? The truth will be revealed right away, so why did he try to lie?'

When I asked myself this question, many things came to mind. The student's father used to severely scold his son when his son made trouble. Since then, to escape being scolded, his lying became a habit.

In other words, he thought it was advantageous for him to lie. Subsequently, I started talking with the student about whether it's truly good to lie. In various ways, whenever there was a chance, I talked with him.

Is it really beneficial for you to lie?

What is going to happen when you lie? Eventually, isn't the lie going to be revealed? Can others trust you when your lie is revealed? Then, from now on, because it's hard to trust what you said, I'll ask others to verify it. You will be under my surveillance and supervision. Do you want that?

Now what you say doesn't mean much to me, because I think it might be a lie. Do you like your words to be worthless?

What makes you lie? Isn't it because you behaved incorrectly? Should you continually defend those kinds of things with lies?

What makes you lie? Are you trying to make an excuse that something else happened, but actually you didn't do your homework because you're lazy?

Can you enhance your ability of study?

Does it help you improve yourself if you throw away the chance by concealing your shortcomings with lies?

Like this, I held a conversation with him in various ways. Subsequently, a few months later I abruptly asked that student.

"Do you still lie these days?"

Then he answered, "I don't lie any longer. If I lie, there's no benefit to me. So, why should I lie?"

I was so glad to hear that.

Before, I used to scold students for their bad behavior. But this time, I tried to help the student's 'thinking' which was causing him to lie, and I realized that is true education.

Because, if teachers don't help students' thinking, the reasons or causes, and just simply scold students for their behavior, the result that teachers observe will only be temporary. After a while, students will repeat those behaviors when the teacher is not there.

I tried to help him choose the right value that is really good for his life, letting him know how to make a choice in a beneficial way for him. Then I noticed him make his own 'Plus' choices by himself. What is important here, is to teach students how important choosing the 'Plus' value is for themselves, others, their families, schools, country and the entire world. Beginning with myself as a teacher, I must have experience with cases in which students choose a Plus and practice it in their life.

Readers,
are you practicing 'honesty' in your life?

In this moment, if 'white lies' come out of your mind, it means you are taking the side of lies, rationalizing your excuse to keep on lying. First of all, when you are determined to be honest in any situation and to live a life of choosing 'honesty', you'll directly experience a Plus in your life.

2. Linear function Higher Character Education

$$y = ax + b$$

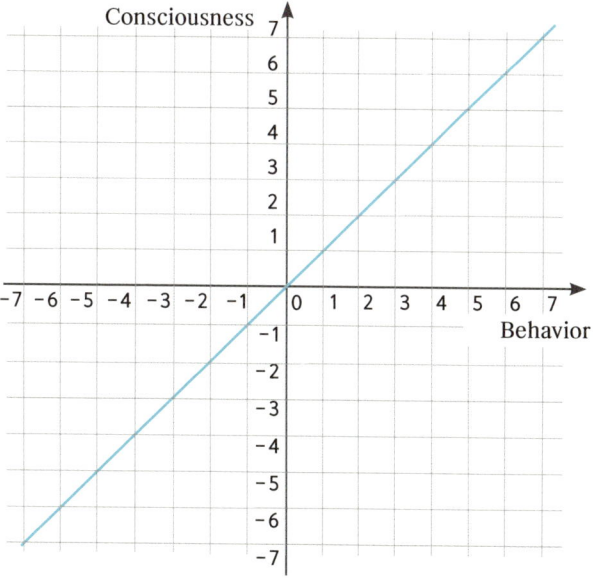

fig.3 《Linear function of behavior and consciousness》

Thinking is a cause, and action is a result. At this point we should address this. For instance, you have good-hearted thinking, but if you do not put good thoughts into practice, that good-hearted thinking will just be temporary thinking. And it will not be a confirmed value of life. Hence, when good thinking is practiced, only then will it finally become a good value of life. When good-hearted thinking manifests as the will and direction of my life(life value), I can say, I have achieved the 'good-hearted consciousness'. It can be called 'the growth of the soul'.

I could not love anyone, but I have changed as I have become a person with love under any circumstance, meaning my soul has grown. When this good-hearted consciousness is established in my life, in every moment, we can talk and act, based on this one thought. Consequently, 'consciousness growth', the result of 'Mathematics for a Life' is so important. Ergo, I don't just put thought(as a reason) on the x axis and action on the y axis. I am going to go one step further, I will make a corresponding 'Good action led by good thought' on the x axis and 'Good consciousness formed by good thought' on the y axis. If you act on your good thoughts, then your consciousness will move toward Plus as a result. Accordingly, a linear function is a graph of which a good-hearted consciousness grows by practicing one good action selected according to a good thought (plus thinking). Contrarily, if you practice a Minus action according to your Minus thinking, your consciousness will go down to Minus as a result. After you've practiced this function and are able to get the result from it, you can have conversations with your students about the way that you've taught yourself.

I would like to summarize the inner questions of applying this function to oneself.

If I apply this $y=x$ linear function to myself, What will happen?

If I apply $y=x$ beginning with myself,
What will happen?
Beginning with myself, if I apply 'x' like this, what will happen?

Beginning with myself, if I do not deceive, what will happen?
Beginning with myself, if I do not tell a lie, what will happen?
Beginning with myself, if I am truthful, what will happen?
Beginning with myself, if I am sincere, what will happen?
Beginning with myself, if I am diligent, what will happen?
Beginning with myself, if I am honest, what will happen?

What's the y value, when you apply the values mentioned

above?

The relationship between me and others, what will happen?

Hierarchical relationships, what will happen?

Between parents and children, what will happen?

The relationship between my friends and I, what will happen?

The relationship between spouses, what will happen?

The relationship between nations, what will happen?

Political relationships, what will happen?

Economical relationships, what will happen?

There is trust.

There is love.

There is faith.

You can get ahead of others.

I can be wealthier than others.

Honor, wealth and fame will come to you more than others.

I can become more brilliant than others.

There is cooperation with others.

There is peace with others.

There's no more quarreling with others about what is right and wrong.

There's no stress.

Hatred will disappear.
Resentment will disappear.
Struggle will vanish.
There will be peace.
We will love each other.

It will reduce the number of courts.
It will reduce laws.
There will be fewer lawyers.
Fewer politicians will be needed.

What will happen, if lawyers disappear?
What will happen, if courts disappear?
What will happen, if politicians disappear?

All the unnecessary taxes for jails, prisons, desks, ink, paper, uniforms will disappear.

There will be more jobs that produce things instead of jobs monitoring people.
Taxes will be used on productive work rather than on wasteful tasks.

Unnecessary taxes will disappear.
The country and individuals will become prosperous.

People can use their time in a fulfilling way.

There will be faith with one another.
Therefore, confrontation and struggle will disappear and peace will prevail.
Then, all the wars and weapons will disappear.
The countless side effects from human strife will disappear.
The Ideal world which has been sought by saints and prophets throughout history will be achieved on Earth for the first time ever.

We have to distinctly verify the result of applying this linear function to your life.

This is the mathematical life.

There is a constant function with no change in y, even if we add a constant of 1, 2, 3, ... to the value of x. Let's consider a situation that can be compared to this function. There is a constant function that has good behavior but no growth of consciousness, then what kind of condition would it be?

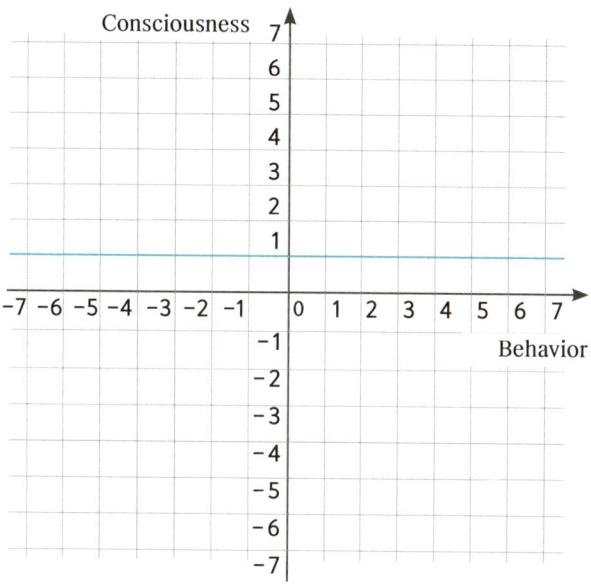

fig.4 《Graph of a constant function of deed and consciousness》

It is foolish goodness that does not think while doing good actions. We have to think about what is good if I am sincere, what is good only for me, what is good for others and what kind of society we can make if we all are sincere.

How can I be more sincere than now? How does my sincerity affect others? How can I help others be sincere like me? What do I have to do for others? If you don't think clearly step by step like this, and just simply do good-hearted actions, that's the constant function that doesn't have any growth in consciousness and stays in the same state. In this condition, the people who like my good deeds will come closer to me. But if my consciousness doesn't grow, I can't help others grow their consciousness. Then even though I always help and care for others, I will have people around me who want only help from me. If their consciousness does not grow, they only become those who always want a help. If so, diligent people become slaves of the lazy people, and people of good-hearted deed will be exhausted by those who never change themselves. Thus, with every good deed, do not stay at level one or level two of value, you should do good deeds that make your consciousness grow. While not only willingly doing material good deeds, and avoiding being complacent in that moment, we have to reach the point of doing good-hearted deeds that can also help others' consciousness grow.

However, I saw a case like this. My own consciousness of helping and caring others has not fully developed yet, so the stingy mind in me which only cares for my own profit brings the following thought up.

'Helping them materially may make them a person who likes to be helped. So I'd rather quit helping.'

Rather than the idea itself being bad, we have to think carefully about the fundamental reasons why we think in that way.

In other words, is it self-justification in order not to experience any loss?

Or is it true justification that your help is not really helpful for them, even though you are ready to help? What would happen if I just taught others with words to help their consciousness but my mind hadn't achieved a Plus yet? I would become uncaring and unable to fix my inner self, I would wrap myself in good words, and eventually people around me would realize this and disappear and no one would be left. My words are right, but people lose faith in me and don't want to listen.

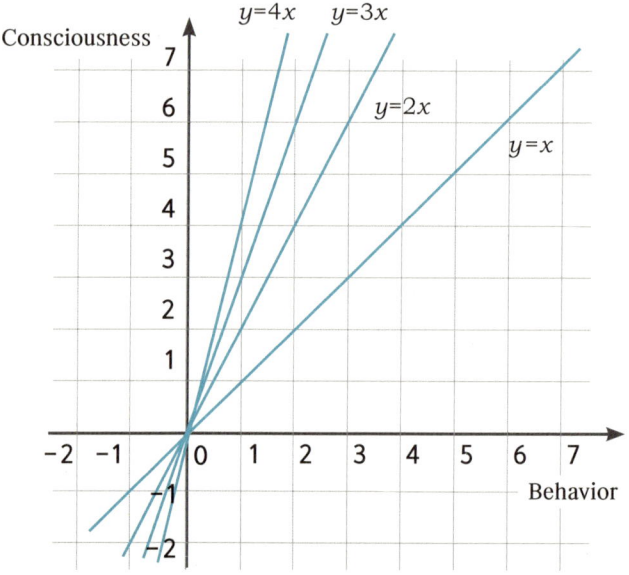

fig.5 《Graphs of linear function with different slopes》

So what is the state of the $y=2x$ function?

It is the situation which consciousness grows twice as fast by realizing two things through one good action. In other words, the slope is an indicator of how much you can find out from practicing a good-hearted attitude in every single moment. Wouldn't it be better to learn more than one thing from one action?

If the y axis ($x=0$) is 'present', the part where $x<0$ is the 'past', and the part where $x>0$ is the 'future', then the y intercept is my current state. How I've lived in the past determines my present state.

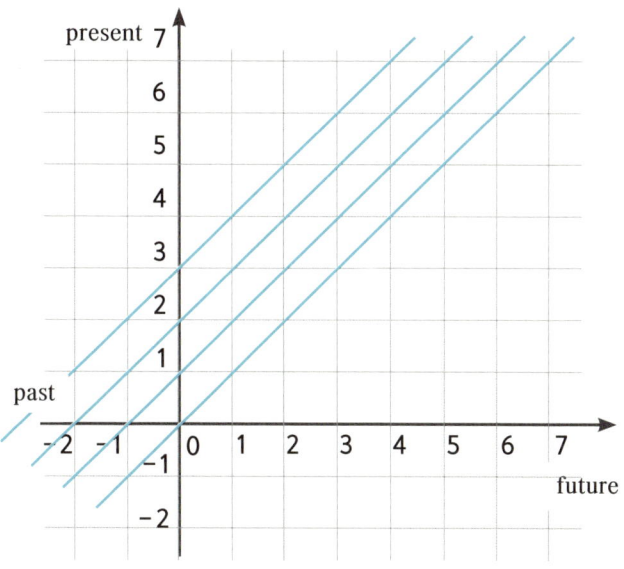

fig.6 《Graphs of parallel linear function》

Some say that life is unfair, that some start with a 'Silver spoon' and some start with 'Wooden spoon'. Fortunately, however, the growth of consciousness to the Plus, or truthfulness, sincerity, honesty, diligence etc, isn't what others can do for me but what I can do for myself. We can't buy it with money. Parents can't build it up for us. Neither a husband nor a wife can do it for you. I've seen one person who lived dependently and was afraid of doing new things because her husband did everything for her. Also, I've seen some faithless husbands because their wives were too kind to them.

In addition, I've seen students who couldn't improve studying methods for themselves because their rich parents helped them by hiring tutors or private teachers.

In a poor family, growing up under the discord between my father and mother, I had to study by myself and pioneer my own way. I thought 'I'm grateful not to be born with many advantages(rich, harmonious and favorable conditions). If I were with them, I would be told my success is from my good surroundings. On the other hand, my parents were poor and they had a lot of issues, but they worked faithfully for their children. So I didn't develop habits of doing housework by myself, and lots of efforts were needed to improve it when I grew up. In other words, if my success is not from my own effort, then I have to start over again.

Therefore, even if the starting point(intercept) is different, the more important things are the direction of the slope and the absolute value of the slope.

To which direction do I want to advance?

To Plus, Minus or Zero?

And If you go to Plus,

what magnitude of slope do you want?

At a rate of one step per day?

Or that of two steps per day?

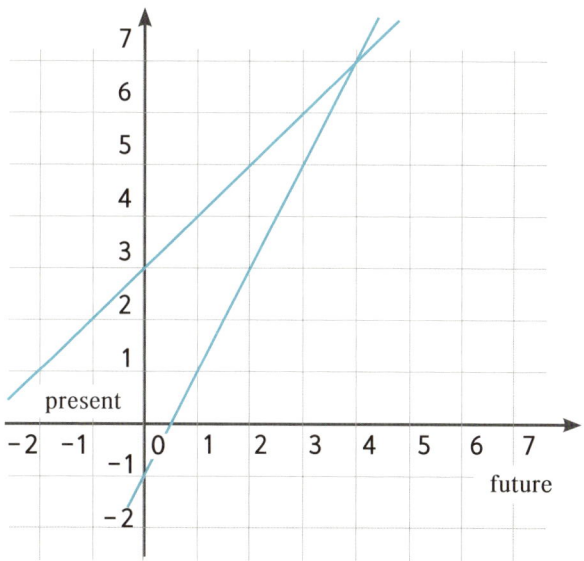

fig.7 《Graphs of linear function meeting at one period 1》

Even if I am currently in Minus, when I increase the slope steeper than others who are in Plus now, by constantly putting in more effort than others (who are in Plus) each day, I will be able to catch up with them someday.

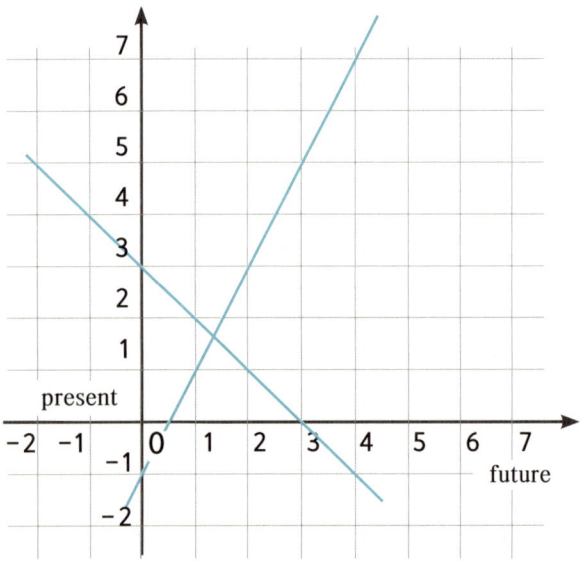

fig.8 《Graphs of linear function meeting at one period 2》

However, even if I am currently in Plus, what will my future be if I am going in the Minus direction?

The concepts of Plus, Zero and Minus are mainly divided

in a material way and a spiritual way. If we are truthful, sincere and diligent in a material way, we can build up money, knowledge and honor. If we are truthful, sincere and diligent in a spiritual way, we can realize the Truth. If you do Plus only materially, you can enjoy material abundance but it is easy to enter a decadent path of the mind and you feel uneasy because of spiritual poverty, and if you do Plus only spiritually, you can learn the Truth but will live in poverty. Building up Plus has to be both materially and spiritually. If we achieve Plus in both ways simultaneously, we can get Plus plentifully.

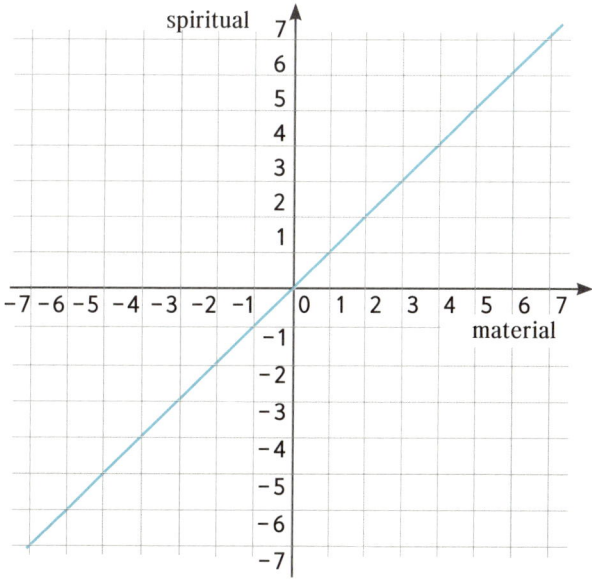

fig.9 《Graph of a linear function of material and spiritual》

You can think of material things as truthfulness, sincerity and diligence outwardly, and of spiritual things as truthfulness, sincerity and diligence mentally. Inner truthfulness, sincerity and diligence means finding out my own shortcomings in being a truthful person in every condition. The following case shows how I've tried to be truthful, sincere and diligent inside.

I've heard the following said by people around me, while seeking for truthfulness, sincerity and diligence spiritually.

'You are just required to solve practical issues. You are thinking too deeply about what you don't need to worry about and you are making yourself fatigued and distressed.

'It is so obvious that someone else has done wrong, but why do you always try to find what you're lacking?'

'If I think I am lacking in everything, I become distressed.'

I understand why they said this because, when I became a teacher, I was too hard on myself and tormented myself by thinking that every failure was a shortcoming of mine. However, suffering like that doesn't help me improve myself, I only become frustrated because I am sensitive to defeat and pessimism. This is not a truthful heart that finds improvements and actively lives. Of course, there is a irrational people or condition, but look at them as they are, and find out what I need to further develop in the situation.

This is the joyful and pleasing process, not bitter. If you think you're really lacking something, do not be troubled, but rather actively try to find and practice ways to avoid repeating your shortcomings again. Whenever you get frustrated, ask yourself "So what?"

"What am I going to do from now on?"

Case

$y=5x$, one of my experiences about is as follows.

A few years after I became a teacher, I was in charge of the boys' class in middle school. There was a class homepage as a sub menu of the school homepage, and I used to upload photos of students in my class. One day, I logged on the homepage and while I was browsing the pictures of my students, I found a comment under a photo I had uploaded. It was a sexual curse word. The name of the student who posted the comment was there but the student was mentally disabled and he could not write. So, it was obvious another student must have written it.

It said, 'XXX, crazy about taking off clothes, the XXX must do OO at home...' it was too embarrassing to rewrite the words. 'XXX' as it said, it was easy to understand they are cursing at me, a woman and I am in charge of a class filled with only boys.

When I first read that, I became frustrated by the thought that I had to hear such cursing directed at me in my life. In that moment, one scene occurred to me. On the way back to the teachers' room after finishing class, I passed my classroom. As I passed, I looked through the window and saw students changing clothes for P.E. class.

The students shyly covered their bodies. However, I came closer to the window and made a playful smile, because they looked cute to me. I realized that the student wrote that comment because of my behavior and I began to understand the things I had to improve.

1. I had not been serious, and naively treated the students as innocent children.

If I had been serious, I would've looked away immediately when I saw them changing their clothes. I looked back then and realized that I should always be respectful of my students. From then on, when we have an end of the day meeting after P.E. class, I always check the time table of my class. I ask the class leader to tell me when everyone has changed their clothes after P.E class. And so, I became more serious and respectful of my students.

2. Subconsciousness of my students

I had no sexual intention towards the students.

To me, they were just young kids and I felt that they were so cute when they reacted in embarrassment. But, they thought my smile was sexual in nature and I could understand that my students had lots of sexual curiosity as middle school students. If I teach my students without understanding what and how they mainly think, I feel I am not qualified as a teacher. So, that case became a chance to understand and know my students.

3. Teacher qualifications

Now I understood my students' thoughts. Then, I thought about what a teacher should be. 'Middle school boys, of course, are more interested in sexuality. It is natural at that age. So as a teacher, I have to behave myself for students not to think of me as a sexual object.' So I determined to be careful about my words, behaviors, attire and my movements not to be considered as a sexual object.

4. Do not be lascivious in my life.

Now, I thought about myself not only as a teacher but also what kind of person I have to be throughout my life. There are overflowing stories. I thought it happened because people couldn't control their frequent trivial thoughts not because people wanted it to happen from the beginning. So I decided that I would be a person capable of controlling my mind whenever and wherever to make the right choice.

5. Educating the student who wrote the curse words.

I thought a lot about how to educate this student. Since he wrote the comment on the picture, I thought he would log in again to see the comment that he wrote. So, I left a comment that could educate him.

"My thinking, words, and actions determine what kind of person I will be. Therefore, it's important to choose the right thinking, words and behaviors all the time to live my life. What kind of person do you want to be? I hope, you become a wonderful person who can be loved and respected anywhere."

At first, I was frustrated when I read the curse words, but later I was able to learn five lessons from the experience and I became glad. I was even thankful to the student who directed the curse words at me and helped me realize this. I also prayed that the student would become a beautiful person who always changes his thoughts to make the right choice all the time.

3. Quadratic function Higher Character Education

$$y = ax^2 + bx + c \ (a \neq 0)$$

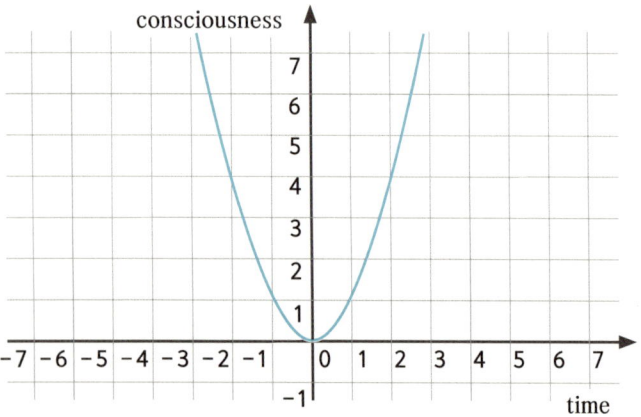

fig.10 《Quadratic function of time and consciousness》

This is the interpretation of $y=x^2$

Since mathematics is a tool to express things simply and clearly, we can find various ways to describe the states of our consciousness. If you have a distinct purpose to properly set up yourself and your students, to practice metacognition whenever you see the math, then the following interpretation will naturally come to your mind.

Put the time we live in on the x axis, and my consciousness on the y axis. My consciousness means myself choosing among Plus, Zero or Minus when I encounter accidents, surroundings or people.

We can experience the hardship in our lives. In those moments, even she who always chooses Plus can head to Minus. But, even she who has always chosen and loved Plus can head downward to Zero because of hard conditions that make her depressed. But she doesn't go down to Minus. She will choose Plus again. When she meets Zero, it's not the place that she wants to be. So she will choose Plus again. No matter how hard it is, she will never go down to Minus and her minimum is zero. I'd like you to examine yourself to see if you interpret $y=x^2$ this way. When things are tough, do you go down to Minus endlessly like $y=-x^2$, or do you go down to Zero and try to go up again to Plus like $y=x^2$? If I set the growth of consciousness as my purpose in life, I will never let myself descend into Minus. I am the most valuable person in the world that I have to beautifully nurture. There is an absolute value function, $y=|x|$ which has these properties.

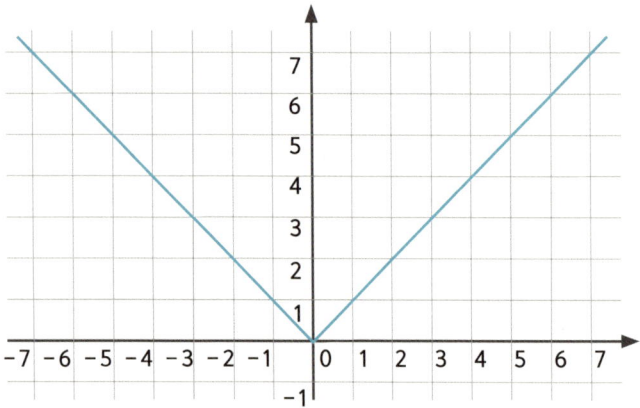

fig.11 《Absolute function graph》

A person who always has chosen the Minus can be compared to the quadratic function $y = -x^2$

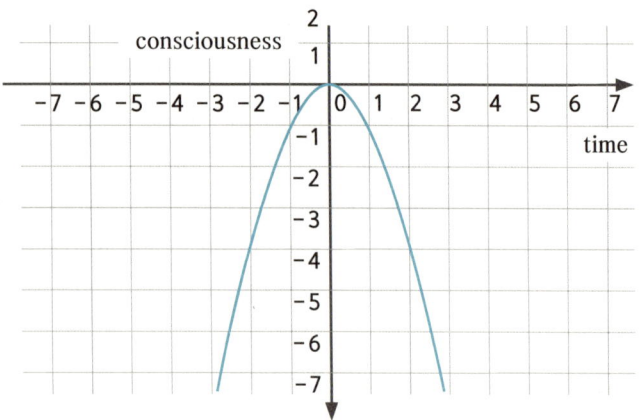

fig.12 《Quadratic function of time and consciousness》

This person looked toward the Plus direction, because the Minus was too hard, or she reached Zero because of the influence of good surroundings and good people. However, she habitually chooses the Minus and steadily goes down so she cannot go above Zero into Plus, and she goes down steadily. She goes up to Zero only when the situation is good, but she does not make the choice Plus and she goes down to Minus again.

A person like this says, 'How can I live without lying? How can I live without hate? It happened because of him or her.' and she chooses Minus again. There are times that she feels free by throwing away hatred and reaching to Zero, but when difficult things happen again, her consciousness goes down to Minus. Instead of the quadratic function $y=-x^2$, we can also compare it to the negative absolute value function $y=-|x|$.

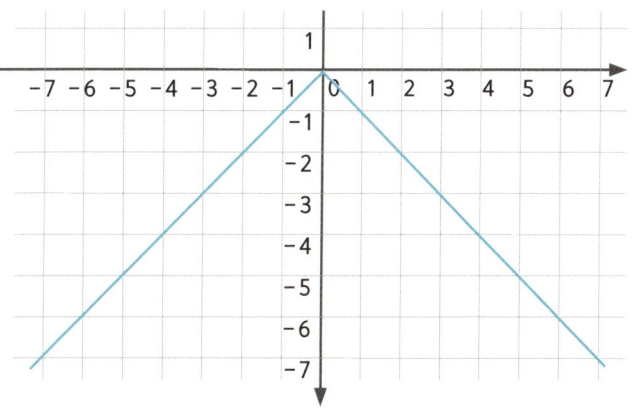

fig.13 《Absolute function graph》

Case

As school violence became a major social issue, all of the schools began to look for ways to eradicate school violence. At that time, my school organized a 'School Violence Prevention meeting'. The event was about 10 sentence oath to stop school violence. Teachers and students all gathered in the auditorium and when the teacher read the 10 sentences, the students swore the oath after the teacher. I was instructed to read the resolution aloud. I was not a teacher of the department in charge but I was an obedient young teacher at that time. So I said that I would do it, but I was dissatisfied with it. I asked my mentor about this.

"Can we prevent school violence by a simple demonstration event? Without studying the fundamental reasons, I don't think that holding this kind of event is going to work."

My mentor told me this.

"Your way of thinking is negative. Does that event have a negative purpose?"

"No, it doesn't. To prevent school violence is right."

"Even if the event was for show and was insufficient to solve the problem, if the purpose is right, you should be able to read the resolution aloud with all your heart. You should help out. Even though it's hard to propose a fundamental resolution, the school has to hold an event, and so you have to try to utilize the event to change the students' minds. Pray and read the resolution aloud with all your heart to change the students' mind even a little."

Through this conversation, I found myself to be a negative person for the first time. So, I prayed sincerely for a few days before the event in the hope that students would change. On the day of the ceremony, I read the Declaration on the Prevention of School Violence with determination. I delivered it with all my heart and all the students read it well.

After that, in order to correct my negative consciousness, whether it's a perfunctory demonstration or not, if the tasks aren't wrong, then I think positively about it and take it as an opportunity to develop myself. After a while, I gradually began to think positively. Instead of complaining and grumbling about school work, I developed the habit of finding a reason to work happily.

I have turned around from negative $y = -x^2$ to positive $y = x^2$.

4. The greatest common denominator, and the least common multiple
Higher Character Education

$$\alpha = g \cdot a, \beta = g \cdot b \Rightarrow \begin{cases} g : \text{G.C.D} \\ gab : \text{L.C.M} \end{cases}$$

There are various nations, races, religions and cultures in this universe. How do you choose the common elements that everyone needs to live happily? In religions, what are the right realizations that are common among Christianity, Buddhism and Confucianism? If Jesus, Buddha, Confucius, and several saints were together, what would be the common traits that they share?

Are they all truthful? Or are there any lie or deception? Are they all earnest? Or lazy, neglectful and idle? Would they love one another? Or hate and complain? What if we choose the key traits that all religions have in common and we all strive to attain those not to hate, discriminate, judge, or disdain because of different nationality, race, ethics, culture or religion? Wouldn't it be happiness, bliss and peace?

The greatest common denominators of all religions are

truthfulness, sincerity, diligence, honesty, helping others, honor, respect, service, loving, caring, understanding, forgiving, initiative, optimism, activity, and creativity which are part of the Hago Principle.

These are the greatest common denominators of religions and a happy life. So, when I make them mine, the ideal world that I've wished for will be accomplished, beginning with myself.

When I said "Let's live with the Hago Principle.", one person replied "People are different. Do you mean all people should be the same?"

Hago principle is the basic element you should take with you! Wherever you go, when you multiply this by anything else, it multiplies abundantly! In order to have a happy life, when you multiply by this, you can gain by 2, 3, and 4 times. I want to liken the least common denominator to this. I correspond prime numbers to each element of Hago Principle.

Truthfulness (2), earnestness (3), honesty (5), diligence (7), helping and caring (11), respect and service (13), love (17), forgiveness (23), understanding (29), consideration (31), initiative (37), positivity (41), activity (43), creativity (47) are the minimum requirements for a happy life.

Now, let's say I am six(=2×3). Then six meets fifteen(=3×5). Six learns the strengths of others through fifteen and becomes 30(=2×3×5, the least common multiple of 6 and 15) Nevertheless, six is not complacent with becoming thirty, so six decides to double themselves again and becomes sixty(=2×30). When I supplement my shortcomings and I am not complacent with the one truthfulness that I have, but rather by choosing an even higher truthfulness, I can live a happier life. My life can change according to the choices I make.

This beautiful diversity occurs when people choose to grow by learning and multiplying through other people in Plus conditions.

Adding or multiplying minuses occurs to a variety of people who have unhappy living conditions.

There are various personalities in Plus and there are various personalities in Minus. How do I prepare my own personality? We are busy having beautiful and diverse personalities, why would we choose Minus instead of pursuing Plus personalities?

Case

My first year of teaching was so difficult that I became depressed. So I prayed passionately to God. Then thanks to God's grace, during the second year my heart became filled with love and I was so happy to be a teacher.

But the third year, even though I knew how to work as a teacher and had self-confidence in my work, I didn't have any motherly love in my heart like the second year. I was able to teach well and had an ability for it, but I wasn't in a happy state of mind and my heart was not full of joy. Then one day, I asked my mentor about my troubles.

"What should I do to be happy?"

He responded,

"Love your students. Then you will be happy."

I kept these words in mind with all my heart, and I tried to love my students. But my issue was not resolved, so I asked him again.

I told him "I've tried to love my students but my heart is

still cold. I don't have love in me, then how can I possibly love my students?"

He said "Love will form within you, not because you have love within you, but because you earnestly try. When you first start a pump, you need to pour priming water into it first for water to come up. Like that, when you dedicate yourself to loving more and more, then your heart will be filled with love. Then you can naturally love your students."

After that, I dedicated myself to helping, caring, and loving my students to develop love I didn't yet possess. Then, my love for my students began to well up.

I think that everyone wants love, regardless of religion, age, or location, and the right thing to do is to always love.

I realized that expecting love from others as much as I love others will hurt me as much as I desired their love. Love is not what others do for me, but it begins within myself. Thus, loving others without expectation is first and foremost.

Also, the more I love, the more I learned about the

depth and dimensions of love. At one time I thought that speaking softly and not being angry was love. But after some time it was also superficial. I thought that buying food, cleaning for others, and helping others with physical dedication was love. I believed that love was understanding, sympathizing and caring. Of course all of these efforts and processes are the ways of building love. Then I realized there is a better kind of love and a better way to love. Love is one of the greatest commonalities of human kind and religions. To build this 'Love', we don't know how much time, dedication or effort it takes. I am still learning about 'Love'.

5. Continuity, and discontinuity Higher Character Education

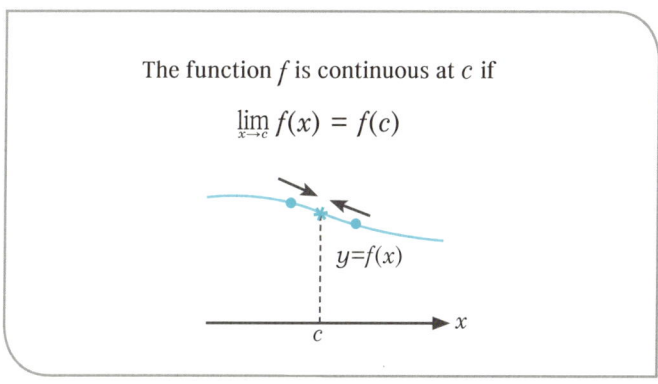

The continuity and discontinuity of a function can be explained as the state of consciousness. Do you see the flow of your thoughts every single moment in your life? It seems to flow continuously, but there are moments of discontinuity.

Seeing a student whose face had a blank look, I asked the student.

"What were you thinking of? You just experienced a discontinuity."

When I told him, he vigorously nodded, and he understood that the nature of discontinuity described the flow of his thinking.

Concentration and immersion are also expressions of thought continuity.

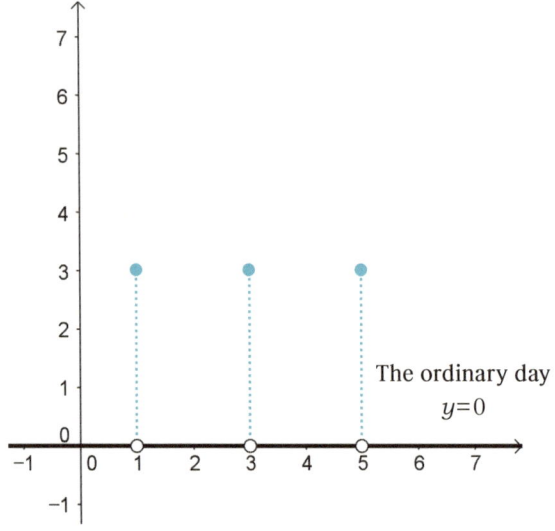

fig.14 《Graph of discontinuity》

Continuous functions are important in mathematics for various reasons. First of all, continuous functions can be integrated. In Calculus and Higher Character Education, that I will introduce next, I compare the result of life with a static fraction. For example, the state of my usual living consciousness is Zero(0), but I can also think in Plus for a short moment. However, if I usually live a Zero life, even if there's a discontinuity from zero to plus for a moment, that is a result of integrating the Zero(0) of a normal life.

The concept of continuity and discontinuity also can

be interpreted like this. Our thoughts are mostly constant functions at our level of consciousness. Then, our surroundings, an incident, or an encounter with others causes a discontinuity. Then, does your consciousness result in a Plus discontinuity and soar to Plus?

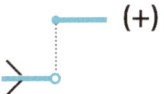

A discontinuity occurs and so your mind blanks, should it stay that way?

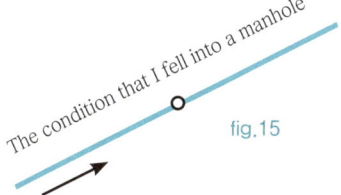

fig.15

Because of a negative discontinuity, do you go down to Minus?

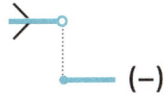

Case 1

In my junior year of high school, my parents had a fight and my mother left home.

The next day, I was distracted on my way to school. Even in the classroom it was hard for me to concentrate. I followed the teacher's lecture but I had many discontinuities because I was worried about my mother. I asked myself.

What should I do in this moment?
Can I make my mom return home by worrying?

My parents' lives are their own, so how should I live my own life? I will do what I can do. I should study hard and get good grades. Even though there is disharmony between them, I could give them happiness by doing great in school.

Also, what should I do to live better than my parents?

I should develop my abilities in order to independently live my life. I will have to study hard and go to university so I don't impose a large burden on my parents. Then I can be independent by getting a job and making a living by myself. This way I can live my life without being affected by my parents' condition, and I can choose a husband that I want to marry and have a family with.

After I organized my thoughts like that, I was able to concentrate in class and accomplished a lot of work each day. My goal was to improve my academic ability, understand school lessons, and study hard each day. I had discontinuous thoughts because I worried about my parents. However, after sorting out my discontinuous moments, I could continue my work. When I got back home from school that evening, my mother was at home.

In my childhood, watching my parents' discord gave me a lot of resentment and negative feelings. But those situations were always opportunities for me to think about how to have harmony at home. From then on, before I knew it, this 'Mathematical Higher Character Education' seems to have begun even though I wasn't aware of it. Now, I feel thankful to my parents because I realized they still did their best in their own way.

Case 2

Even though I was born in a poor family, I didn't feel uncomfortable. My parents lived earnestly, but after they paid for the living cost of five family members and our tuition, nothing seemed to be left over. So I couldn't even dream about things like going to a private academy and I was worried if I could afford my school uniform and school trips. My Parents sighed deeply, they must have borrowed from somewhere and paid what we needed. Obviously, my three siblings couldn't plan to go to a private university and we had to study hard to get scholarships. I didn't want to get a job without getting a university degree so I worried a lot about my grades, what I could score on my college entrance exam and which university I could apply to. Those kinds of worries prevented me from concentrating on my studies. This kept on happening and caused a discontinuity.

This is how I solved my discontinuity.

How do I get a good result? From now on, I need to accumulate knowledge on a daily basis so I can take the test successfully. Will all the problems be resolved by only worrying? The only way to score well on the test is to memorize more English words and solve more math problems. I started to worry, I told myself "Let's memorize another English word and have confidence in myself! These words that I am memorizing will be on the exam."

When I controlled my mind and kept on trying, there wasn't any room leftover for all my worries. Rather, when I finished one task, I would move on to the next. By managing my schedule, I could work diligently. When I focused on studying that way, I had no time to worry, so I could devote myself to what I needed to do.

I realized that I worried because I didn't focus on what I needed to do. When I was doing the necessary studying, then I thought about how to do it efficiently and found more things I needed to do, which kept me busy.

So I am still applying what I've learned to my life. When I have worries, it means that I`m not doing what I have to do and I have a lax attitude. Instead of worrying about it, I think 'Let's jump in and start it.' and when I do, then all my worries vanish.

Case 3

After I met my mentor, I began to worry.

His life is beyond any selfish ulterior motives in his words, behaviors, or life, and was filled with caring for our country, people and humanity. So when I listened to his words, I naturally compared his mind with mine. I had always been the most important person in my life. In other words, how I benefited was always important to me and the reason I became a Christian was only to find a way to be happy, not to help others.

So over time, I got stuck on the idea that 'My mentor and I are different. I can hardly follow his way of life. I don't believe I can do it.' I was becoming more and more despondent and finally I had a discontinuity. I couldn't accept his words any longer. I spoke to him about my troubles.

"Sir, I've been living my life only for myself and the reason I come to learn from you is only for my own happiness. But, you've truly lived and you're living your life for others, not caring for yourself. It's very different from me."

He replied,

"Even if the beginning is different, if the end is the same, that is not a problem."

As soon as I heard this, my heart became bright and my discontinuity ended.

'All right. Even if I started with a personal motive, I will change into an unselfish person. My mentor could do it, then why can't I?'

Through this experience, I guessed that my students also had their own thoughts blocked like me. I discovered that when people suffer from a discontinuity and they can't keep going because of their own unsolved Minus thoughts which is possible to turn it around. Just as my mentor helped me to regain a continuity from Minus, I would like to be someone who can help others.

Case 4

It was around 4 a.m.. While I was sleeping, my cell phone rang and woke me up. It was one of my student's calling. I personally care about her a lot more because she was a troubled student with deep scars inside her from her family. She called me because she had fought with her dad and happened to step on broken glass, which cut her and there was severe bleeding. Her mother wasn't at home and she could not contact her. Her father was sleeping after the big fight with her, so she couldn't even talk to him about it. Her parents divorced a few years ago. But her father came to visit her and her mother left home during his stay. Her father scolded her a lot, maybe because he was drinking. It was not a small injury and she didn't know what to do. But she thought of me, her homeroom teacher, and called me. I was startled but I was thankful that she called me because she began to trust me. Hearing her situation, I understood it would be difficult for her to ask her father for help, so I got up right away and went to her house to take her to the emergency room for medical treatment. In the hospital administration during registration, I had to explain the situation to the hospital officials. I told them what happened. They said the situation wasn't covered by insurance and the medical expenses could be high. In those days, I was told that I have to be honest under any circumstance from my mentor, and I wanted my students to live that way too.

Also, my student was watching me, so I couldn't tell a lie to pay less for the medical expenses. Rightly, I was planning to pay for the treatment. Without hesitation, I said 'Please handle it as it is, even if it can't be covered by insurance. I do not want to stop the treatment.' and I paid.

It was around $100. I paid the expense but I was grateful that I could teach honesty to her through my actions, my life. And I prayed to God deeply in my heart that she would grow up as a person who never lied for her own profit, under any condition.

When I woke up at dawn, I was in a Plus mind when I thought of the discontinuity from the phone call, because it was a chance to help my student. I was honest, I didn't lie just to save money. I felt deep appreciation to my mentor that he led me to change like this.

6. Differential, and integral Higher Character Education

The derivative of the function $f(x)$ with respect to the variable x is the function f' whose value at x is

$$f'(x) = \lim_{h \to 0} \frac{f(x+h)-f(x)}{h}$$

$Q(z, f(z))$
$P(x, f(x))$
$f(z)-f(x)$
$h = z-x$
x $z = x+h$

Differentiation is finding the instantaneous rate of change of a function $f(x)$ as related to x. The differentiation of life is to watch 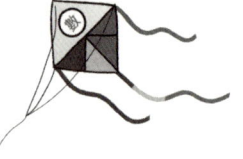 my thoughts (consciousness) at every moment of my life. The instantaneous rate of change (differential coefficient) of life is the direction (slope) of life that my consciousness chooses. Have you ever flown a kite? When the wind is blowing, if the head of the kite is facing up to the sky, then the kite will fly. But if head of kite is facing down toward the ground, then the kite will go down. Like this, in situations and incidents, depending on my consciousness, I live by choosing Plus(+) Minus(-) or Zero(0, no change) in every moment. In other words, every time in our lives, we are doing a differentiation of life.

And if I differentiate every moment in my life, then every day combines together and becomes my life. This is the integral of life. If I have differentiated into a Plus, the integral of my life has a Plus value, and if I have differentiated with a Minus, the integral of my life has a minus value. Life is a lot more complex, but I will draw it simply in three ways.

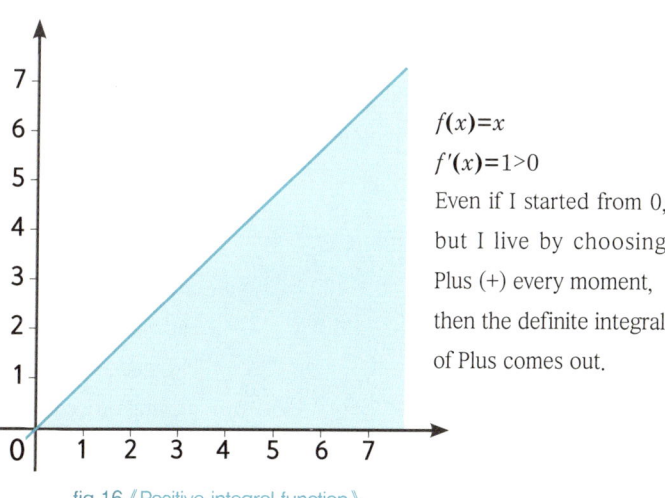

$f(x)=x$
$f'(x)=1>0$
Even if I started from 0, but I live by choosing Plus (+) every moment, then the definite integral of Plus comes out.

fig.16 《Positive integral function》

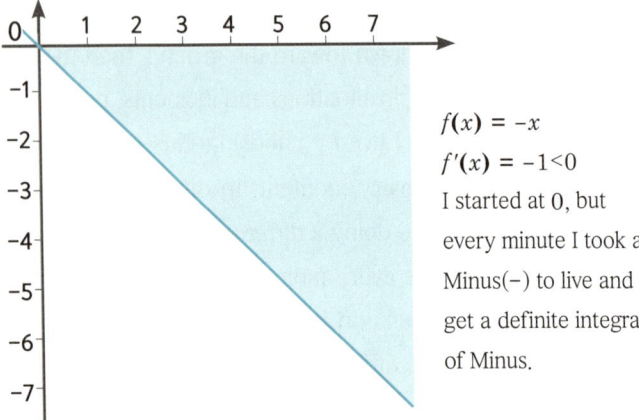

$f(x) = -x$
$f'(x) = -1 < 0$
I started at 0, but every minute I took a Minus(−) to live and I get a definite integral of Minus.

fig.17 《Negative integral function》

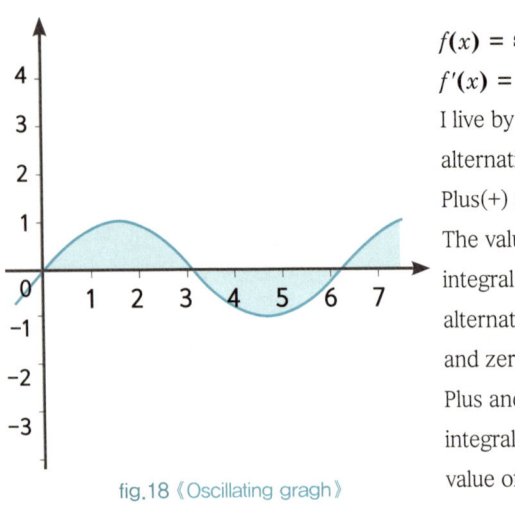

$f(x) = \sin x$
$f'(x) = \cos x$
I live by choosing alternatively between Plus(+) and Minus(−). The value of the definite integral comes out alternatively with positive and zero. When the Plus and Minus definite integrals are equal, the value of the definite integral is zero.

fig.18 《Oscillating gragh》

At the end of a fatigued day, 'Why am I so tired and feel heavy in my heart?' I thought about and found that I've only focused on work and haven't done any differentiation of my life. When I recalled those moments, the highest priority thing in my life was doing good work. I remember when I complained and grumbled about people who disturbed what I'd been doing or those who hadn't done thorough work. I could also see the times, that I blamed other's shortcomings rather than reflecting on myself to see what I was lacking. In other words, I could see the integral of my life where joy disappeared and I was just exhausted and stressed by the weight of life, which pushed me down to Minus.

I reevaluated it. 'The growth of my soul is the purpose of my life, not my work. So I'll find a way to enhance my soul while I am working. If I complain just because I am disturbed at work, then I shouldn't blame the other person, but take it as a chance to find the hidden complaint in my heart and get rid of it. I'm grateful because I can find the shortcomings in my heart.'

'Helping and caring are the way to go Plus, so in this moment, what can I do to help right now? If I see trash, happily picking it up is a way to help myself to go Plus and it helps create a pleasant surrounding for others. So that's exactly what I have to do. If I meet a person, greeting them with love and respect is the way to go Plus.' Recognizing this, I started living each day choosing Plus and my heart felt joyful and enriched again.

I've seen a study that says it takes about three months for habits to form. While you do Plus differentiation spontaneously every time, it's important to integrate day by day. When you integrate life as a Plus, it becomes a strong foundation that no one can take away.

Do you sense the moment you feel good?
Do you sense the moment you feel bad?
How do you spend that time?
The moment I can sense my feeling is a good indication to help differentiate.

It was time to go on a school excursion. We were supposed to visit universities in Seoul and see a play in a small theater. But my students didn't feel it was worth their time to visit universities in Seoul because they were in a suburban high school and would never be able to attend them. Negative thinking spread to all my students and many of them said they didn't want to go on the field trip. At the morning school assembly, I told the students 'We're not going there because you have the qualifications for admission to the university, but because it will be a good memory and we can learn about Seoul and university culture from there. I hope we all go there and make good memories.' One of students asked me.

"Teacher, do you really mean it? Or are you losing something if we don't go on the school trip?"

As soon as I heard that, I looked the student in the eyes, and said,

"Yes, I truly mean it. Even if you don't go, I lose nothing. It's your life."

After I said it, I had to ask myself if it was really true or not. My mind was really clean and there was no other intention. The reason I asked myself again was to confirm if my love for my students was real or if I only pretended to love them. If it were true, I would still have heartfelt love for the student who reacted negatively and asked me that question. I determined I did. So, I concluded to love my students.

"You must have a scar in your heart from adults. That is why, even if a truthful person comes near you, you distrust them. Unconditionally positive students would not feel a teacher's very small hatred or the negativeness in a teacher's mind, but you must be able to feel it well. From now on, You will be my indicator plant (a plant that reacts sensitively to pollutants). When you are able to feel I don't have negativeness in my mind any more and you can trust me, it means I've changed."

That is what I concluded. After that, his various negative reactions did not hurt me anymore. Rather, I was grateful that the students' reactions did not affect me and I could check the state of my mind.

As the year was coming to an end, the student told me,

"I believe whatever you say."

When I heard that, I realized all the effort I had made was not in vain.

7. Positive Infinity Higher Character Education

The sequence $\{a_n\}$ converges to the number L if for every positive number ε there corresponds an integer N such that for all n,
$$n > N \Rightarrow |a_n - L| < \varepsilon.$$

If $\{a_n\}$ converges to L, we write $\lim_{n \to \infty} a_n = L$

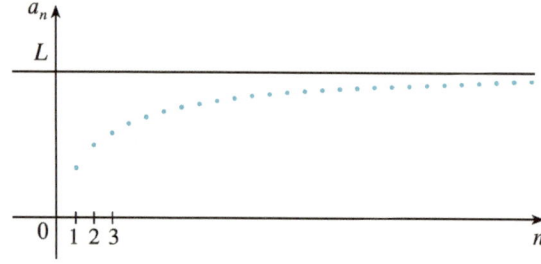

When x approaches infinity at the extremum of the sequence or function, the term value or function value of the sequence either converges or diverges. Convergence means

the value of the function gets infinitely close to a real number. Watching the value of the function(term value of sequence) converge, my heart's desire came to my mind.

$$\lim_{x \to \infty} f(x) = \alpha$$

I'd like to compare x to time and $f(x)$ to my consciousness that I am building up myself through choices. And I'd like to compare "α" to the truth of God that I want to resemble. As time passes, I want to change into a beautiful consciousness by acknowledging the truth of God and to resemble the character of God as I converge.

Among the divergences, there are 'infinitely large(∞)', 'infinitely small($-\infty$)', and 'oscillation', I would like to talk about the 'infinitely large' divergence.

$$\lim_{x \to \infty} f(x) = +\infty$$

I'd like to examine x as time and $f(x)$ as my consciousness which I am building up by my decisions. $f(x)$ which diverges toward positive infinity represents the growing consciousness to Plus by choosing better thoughts, words and behaviors because of my past shortcomings. If today were like yesterday and tomorrow like today, then life would be boring. Of course, simple things such as eating, working, changing seasons, and your living environment can be repeated. Nevertheless, I am growing throughout my life. I'm so grateful that this growth can continue eternally until I die.

Growing up into an honest mindset under all circumstances, away from the mind of falsehood and deception. Growing up into a diligent and sincere person, away from a laziness and neglect. Growing up into an independent person that willingly wants to try to do everything by oneself, away from a dependent person who wants others to do it for her or him. Growing up into someone who seeks out my own shortcomings instead of blaming others. Growing up into a helping and caring person regardless of profit or loss, away from a person that doesn't want to lose anything. Growing up into a person that values every task, away from a person that separates 'others' work' and 'mine'. Growing up into a person that learns the bliss of loving others first, away from a person that only wants to be loved. Growing up into modest person that knows the joy of listening to and learning from others, away from the person that listens rashly to others. Growing up into a strong person that dose what is right at the risk of my own life, away from the fragile mind that refuses to face fear.

This growth is continuing even today, and it will continue to grow until I die.

Case

My first year as a teacher, I only taught in an input-oriented cramming style, which was the only way I knew how. The next year, I introduced the attitude performance evaluation and while I checked the students' presentations one by one, I reflected on the common class attitude in the evaluation. The following year, I learned 'cooperative studying' and introduced it to my class. The year after that I taught the students how to keep a mathematical diary for reflecting on their own study. The next year, when I went to work at a high school, and while I thoroughly reviewed the contents of high school mathematics, I reviewed the contents of middle school mathematics for teaching high school mathematics. In doing so, I studied easier ways to teach the core of mathematics. After I came back to work for the middle school, I introduced a student class presentation and a peer evaluation. I found out what I was lacking at the end of each class. Then in the next class, I reflected on the things that I learned and it was fascinating to see my students' responses. I realized how happy I was learning and growing through self-reflection on my class and finding a better method of self-development.

On the other hand, as I tried new methods, my 'know-how' accumulated, I became complacent as I proudly thought 'I'm teaching very well' and I became arrogant. So even though there was a teacher who worked for the same school and who taught better than I did, I never tried to learn from him because I was so proud of myself. That year, the school implemented an after-school program where my students chose to be taught more by other teachers than by me. I experienced how pride prevented me from growing and suffered for it.

Since then, I've carved 'pride is death' into my heart and I try to learn better aspects from whomever I meet. I always check whether my pride is elevated and whether I was learning or not.

I want to be a teacher who teaches not only mathematics well, but also higher character to students well. It is because I want to help them not only in math, but also to become a happy person. Moreover, the students can study math properly when their mindset is right. First, their higher character must be right, then the knowledge and skills that the person possesses can be helpful to many people.

8. Higher Character Education for problem solving

When a problem approaches me, but I do not recognize it as a problem.

A problem approaches me and I recognized it as a problem, but I gave up and saying 'I don't have an answer for it.'

A problem approaches me, and I recognized it as a problem, but try to avoid dealing with the problem.

While solving the problem and I have the wrong answer, but I do not realize that the answer is wrong.

While solving the problem and I know the answer is wrong as well, but I don't think of the reason.

While solving the problem and I know that the answer is wrong as well as the reason, but I do not have any way to improve it.

While solving the problem and I give an incorrect answer, I find the reason why I did not get the right answer, I try to make improvements and solve the questions with correct answers.

Who does well in mathematics?
Who can live a happier life?

Case

One year, I felt teaching was so difficult. So I participated in a teacher's training program in Canada for two weeks during winter vacation. I had to pay for the training myself, because it was independent training. Even though the program fee was high, I wanted to escape my frustration and renew myself. The training was good and I learned a lot in Canada and returned home to Korea. But, when I came back to work at school, the reality was that nothing had changed. Rather, I had more work to do at school because I was gone for two weeks in Canada. I could catch up on my work, but the troubles I had were still unresolved and my anxieties remained intact. What I learned then was that my problems should be solved where they are at. They cannot be solved by traveling. Rather, I felt rushed after I returned from 2 weeks of travel and I didn't resolve my problems. When I escaped without solving them, the problems waited for me to return.

One of teachers mentioned something like this in one of our conversations.
"Isn't there anything interesting?"

It meant there was nothing interesting for her in school, so she was looking for something interesting outside the school. After I heard that, I mulled it over. The school was the place where I spent more than half of my day. I used to work for the high school, so I got used to going to school early and leaving work very late.

So If I have no fun and joy in school, it means that I would live half of my life in boredom. Since then, I looked for ways to joyfully work in school. The best way and the first thing to do is to love the students and teachers I meet.

What can I do for my students? How can I make others happy? I enjoyed finding what I could do to help and care for others. When my day was the same as previous days, I was bored. I attempted something new everyday. I also made my school environment beautiful, I found a way to make my classes more effective, and I tried to find ways to love more. Now I enjoy coming to school. I love to go to school early and I even want to go to school when I am at home.

Water lilies I planted at the school pond

Flower bed I made at school

세종과학예술영재학교

제4회 수학에세이 대회

수학과

작품 주제

더 진실하게, 더 성실하게, 더 부지런하게, 더 정직하게,
더 돕고 위하며, 더 섬기고 공경하며, 더 배려하며, 더 이해하며, 더 용서하며
더 긍정적으로, 더 적극적으로, 더 능동적으로, 더 창조적으로
자신의 삶을 바꾸어나간 구체적인 실천사례(2018년도에 실천한 내용, 위의 조건 중 하나 이상)와 자신의 사례를 비유할 수 있는 수학적 개념을 표현하여 작성해서 내기.

참가 자격 : 세종과학예술영재학교 재학생

일정 : 2018. 3. 26.(월) ~ 6. 11.(월) 19:00 까지

형식 : A4 한 페이지에 수필 형식으로 자유롭게 작성 (아래 양식 참고)

제목
1213 이름 ○○○
수학 수식
수학 그림
(에세이 작성 - 자신의 실천사례와 그것을 비유하는 수학적 개념)

* 제출 : jsviolet@sasa.hs.kr

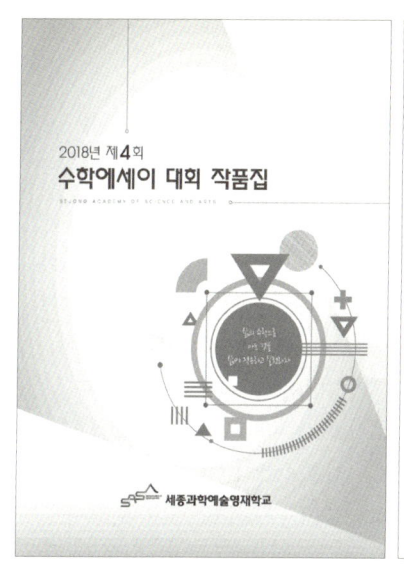

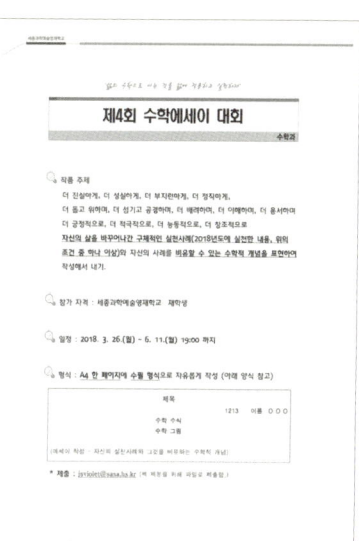

'Mathematics Essay contest' for students, applying 'Mathematics for a Life' to their real lives

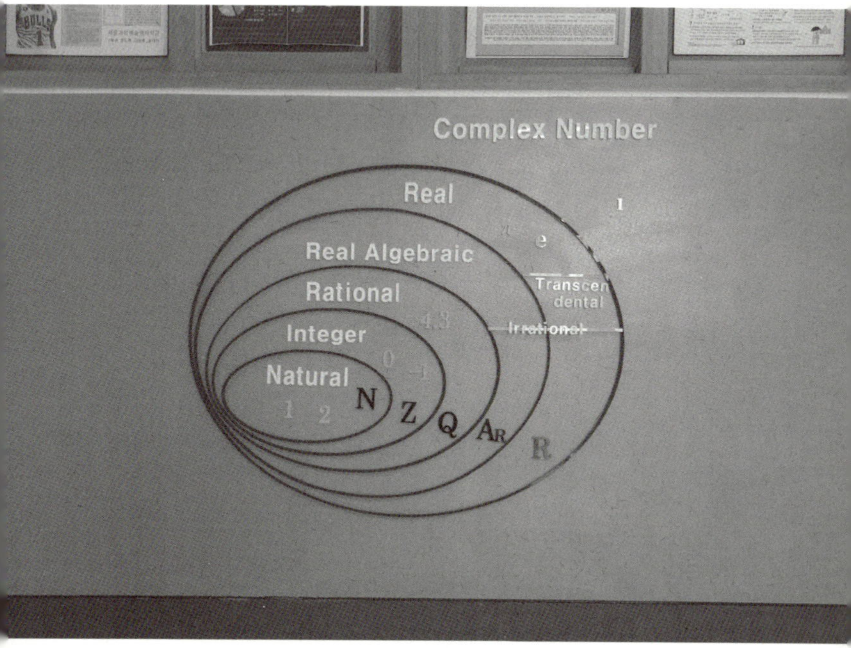

'Number system' acrylic panel on the classroom wall

Once in a while, on Saturdays or vacation, I visited my mentor's farm and learned farming. One day, I saw a garden in a new school I had just transferred to, and I thought, 'I should properly raise the crops with the students here'. Students who planted various crops and tasted the joy of harvest were very happy and when they harvested potatoes they said 'It feels like we are digging up treasures from the ground'. I also planted a Clematis vine on the school fence and cultivated it beautifully. Although I couldn't go to the farm frequently because of my busy school schedule, the occasional farming experiences I learned, while I was watching from the side, gave me a chance to change my life at school as a teacher. I had never thought about school gardening education before and I had lived passively. So I gave sincere thanks to my mentor who has inspired me to actively change my surroundings to be beautiful and to nurture life everywhere I go. I found that living actively, truthfully and sincerely, and not avoiding the difficulties where I am, is the key to happiness.

Making furrows in the garden with students

Planting tulips with students

Growing crops at the garden

Clematis vine on the school fence

9. Arithmetic operation, identity element, inverse element Higher Character Education

> $a+0 = a$: The additive identity is 0
>
> $a+(-a) = 0$: The additive inverse of a is $-a$

When we encounter people and events in our lives, our hearts start to calculate.

'Homework was given'
What kind of operations work in your heart?
Is a positive operation working?
Is a negative operation working?
Is a understanding operation working?
Is a complaint operation working?

'Why is that student so noisy?'
What kind of operations are working in my heart?
Is a loving operation working?
Is a hateful operation working?

'She doesn't even know the easy stuff.'
Is a helping operation working?
Is a contemptuous operation working?

Each operation I have chosen, more and more becomes my habit as time goes on, and I will begin with those kinds of operations in my subconsciousness. As much as I choose to operate in Minus, my heart will be distressed, the more friends of mine will leave me, and the more happiness will go away.

In order to return to Plus from the operations of contempt I chose, I have to do helping and caring operations, which are inverse operations. If I have done 10 Minus operations, I have to perform 10 inverse operations. So, when I reach the identity which is Zero(0), finally my heart can become peaceful.

The identity is the place right next to Minus that we can easily choose the Minus operation if we choose even a little bit wrong. Therefore, we have to soar up to Plus by continuously doing positive operations, rather than being complacent at identity in order to stay in a positive mindset because of difficulties.

This is the operation, inverse element and identity of life.

What kind of operations of the heart have you used today?

Do you usually operate by thinking of loss or gain? Or, do you primarily operate by helping and caring for others regardless of loss or gain?

Do you review mine or other's work and if more work is necessary, do you grumble? If another person's task has shortcomings, do you criticize it? Is it how that you mainly operate?

Do you not distinguish between your work and my work, but rather earnestly work and think of ways to progress at home and work?

Do you operate by thinking of how to benefit by using others? Do you operate by helping, caring and loving others?

Do you operate by blaming others, situations, parents or country?

Do you operate to improve and progress by finding

out your shortcomings and correct them under any circumstance?

These operations above were what I've found and modified in my heart. However, do you have moments when you can't feel which operation is working on your heart, because you were so focused on your task?

Can you see which operations you are using in your heart in every moment of your life?
Or are you interested in only watching others' operations and aren't interested in your own operations?

If you can see others' operations well, do you use the operations as a mirror to reflect on yourself with?
Do you operate by criticizing, ignoring, despairing, or hating, when you see other people's deficiencies? Or do you think of how to help them?

10. Co-domain and range
   Higher Character Education

> A function f from a set D(domain) to a set Y(co-domain), the set $f(D)$ of all output values of $f(x)$ as x varies throughout D is called the range of the function. The range may not include every element in the set Y.
>
>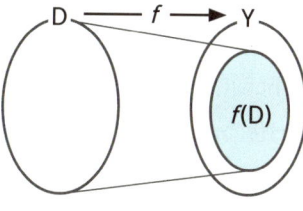

When we define a function, we think about the domain where the values of x are and the co-domain where the values of y are. The collection of the function values in the co-domain is called the range. In mathematics it is important to check the range for a given domain in each function. It's also important to check this range for our lifetime. While I look at the range in terms of co-domain and range of a life from a mathematical point of view, I think about them like this. 'Co-domain is the boundary which covers the estimated values on a undefined and vague basis, while range is the collection of exact function values which is substituted for the function of life.'

About Plus(+), Zero(0), and Minus(-), put this into practice today and look at what results you can get, then collect accurate function values and make a range.

What is good about being honest? Is it only good for me? Or is it only good for others? What things will happen then? If you were honest, but there was a side effect, why? Why did you get the side effects, even if you chose the Plus? What was wrong with you? Was there really a problem by being honest, or what else was lacking?

Choose a Plus value on every single x,
and practice it in your life's function, then see exactly how those function values become that result.

This is the Mathematical life.
The Higher Character is also Mathematics.
The cause and effect are accurate.
Our lives are the same.

What was good when you were honest?

Can you find the answer to this question right away?

Do you ambiguously think that 'Being honest may be good'?

Have you ever pledged to yourself like 'I will never lie in my life' and earnestly practiced it?

When I practiced honesty, it was like this.

In order to be honest, I had to do my work thoroughly.

In order to be an honest person, I had to do my work precisely.

In order to be an honest person, I couldn't do the work with selfish ulterior motives in mind.

In order to be an honest person, I had to be diligent and not lazy.

In order to be an honest person, I had to have no qualms about my conscience.

When I was honest, people believed what I said.

When I was honest, even my superiors couldn't ignore me and they could not treat me carelessly.

When I was honest, if things happened, people asked

me for my advice when they needed it.

When I was honest, people trusted me and gave me work.

When I was honest, the work others had done by lying began to disappear.

Rather than vaguely believing it is a good thing, I have to examine the results I received from directly practicing it in my life thoroughly. How I am changing, how others are changing, how my surroundings are changing.

This is the difference between co-domain and range.

By only vaguely knowing, we can't firmly keep the right values. We must check the result of the right value that I put into practice to see how the consequences come out. If you've done what's right and had a side effect, then you have to find out what was lacking, what caused the side effects and how to improve it. This is how to improve the surroundings wherever I am, beginning with myself.

Practice 'honesty' in your life and take a look at how the result(range) comes out. Before we practice, it was vaguely knowing(co-domain), but if you can create range by collecting function values through practice, it will bear fruit in your life.

11. Mathematical induction
Higher Character Education

(1) Showing that the statement holds when $n=b$
(2) Showing that if the statement holds for some $n \geq b$ then the same statement also holds for $n+1$

Two of the most prominent proofs learned in high school are mathematical induction and reduction. Mathematical induction is used to prove the proposition $p(n)$ of natural numbers. When $p(1)$ is the initial value, it shows that the given proposition $p(n)$ is established. Assume that $p(k)$ is established, so show that $p(k+1)$ is established. If you do, it would show that a given proposition, $p(n)$, is established for every natural number.

On the first day of class, I emphasize two things to students. They are 'honesty' and 'sincerity'. I tell students, in any case, to resolve to be honest and practice it, then examine the result. Ordinary good people consider themselves to be honest. Or, anyone who has deeply introspected about themselves thinks that human beings cannot always be honest. So instead of thinking vaguely that it is a universal truth that everyone knows, we need to establish a proposition about these values and prove them in our life.

Recognizing 'honesty', you have to practice and see what results come when you are honest. Only then can you be sure of what happens to yourself and others when you are honest. If you think about it, you can quickly establish the proposition that 'Trust is achieved when you are honest.'

And when I recognize and practice honesty to prove that the proposition is true, I can notice the moments when I myself lie. At that time, I try to find out the reason why I lied. We usually tell a lie when we try to look good, but there are shortcomings inside of us and we want to hide them. At this moment, I practice 'honesty' by overcoming my desire to lie. Then I try to improve my shortcomings by recognizing them sooner and to keep 'honest' in the same situations. Then I can realize that I build up trust through honesty. If you do it, you will see that 'honesty wins trust' under any circumstance. If you keep practicing, you will clearly see that 'the more honesty you practice, the more trust you get', and thus the proposition 'Honesty wins trust' is always true.

In this way, when I make my propositions about life and prove it by practicing in my life, it becomes a value in my life and it helps me to acquire a higher character. So, the fruits of a beautiful life accumulate.

Because ideas that are not proven as truth cannot change my life, I can't make the right choices by those ideas in various situations and conditions. I'd like you to set up true propositions of life, one by one, and prove them in your life by mathematical induction. With that, I hope you live a beautiful life every day and have true joyfulness.

Case

The true proposition of life that has been established inside me as I have lived is as follows.

'If I am diligent and sincere, my capability grows and I can do everything I want to do.'

'If I am diligent and sincere, I am appreciated and loved by others'.

Since becoming a teacher, I always go to work 1 hour earlier. These days, I go to school even 2 hours earlier. Early in the morning I prioritize the things I need to do, make a list, and do things one by one. I do my best to do those things for the time that is given to me. This way, I can eliminate time-wasting and receive a good evaluation of my performance by adding promptness and preciseness. There are still many more things to better myself with, but the diligence and sincerity that I have built up are important assets.

As for the true proposition of life learned as knowledge, prove whether or not the proposition is true in your life. Write down the propositions of life you want to practice every day and carry them out for a day. Then check whether or not the propositions are true, before you go to bed.

12. Sample, Probability Higher Character Education

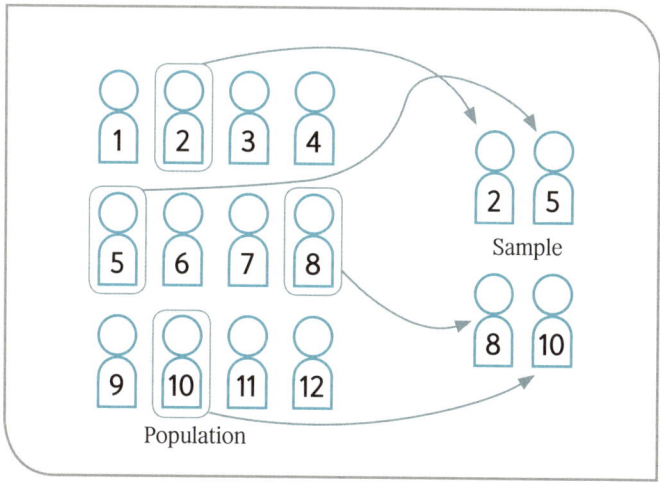

A population means an entire dataset, and a sample is a subset n from the population. A trial can be repeated under the same conditions and the results indicate observations, experiments and surveys that are determined by a coincidence.

If a population includes everything in my heart, a sample means n of them are randomly selected as needed. If I compare an incident when I met with others in my life to a trial, I have randomly selected a sample.

What kind of sample do you choose randomly in your heart when you meet some incident or person? If there are ten thoughts, when you choose two of them, are they both positive? If ten thoughts all are positive, then I will always pick a positive thought, even if I randomly select one. But, if there's only 1 negative thought, and I chose it as the sample, then I express my thoughts as negative, even if the remaining 9 are positive. So even if I regret selecting negative later, you can not excuse it, because you selected it from your own mind. I am motivated by this chance to find my hidden shortcomings in order to improve my chances of thinking positively.

So I think it is more important to root out the Minus in my mind than to think I am a little more superior if I compare the percentage of my Pluses with others. In order to choose Plus all the time, I don't need to constantly think about how to leave others with a good impression of me. A sincere person doesn't have to try to appear good to others because they will appear beautiful and natural as long as they live that way within their own mind.

A few years ago I went to a teaching staff dinner meeting and I greeted a teacher whom I wasn't close with.

"How are you this evening?"

And she said to me.
"I like to meet people naturally."

Her words stayed with me and I thought about them again and again. She felt my greeting to her was awkward and constrained, not comfortable. I was not a social person, because I used to like being alone, so it was not easy for me to approach her and greet her. It was like pulling teeth. At first my mind was in turmoil, because I was unsure whether or not it was wrong to try to love someone even if it came across as unnatural and awkward.

As I talked to my mentor about this, I realized that my 'awkwardness' was due to my lack of love and truthfulness. And I could understand that if I was constrained when I approached others, without a truthful mind and no love in it, they would feel uncomfortable. So I've learned that I have to be a truthful person, then I can be natural. Whatever becomes natural, when I am accustomed to doing it all the time, it can become a part of my life.

Come to think of it, I had a lot of traits that were not natural that required will power to change. One of them was to bow deeply toward others. When I tried to simply bow deeply, I felt awkward and unnatural, and I realized that I had not achieved a state of mind or life of respecting others. I made more effort to politely greet people with all my heart and now I can greet people more naturally.

It was also awkward to sympathize with other's feelings and express my love from the bottom of my heart. This still takes a lot of effort to me. I'm still devoting myself to achieving such a mind, even today, in the ardent hope that it will become natural to me.

In order to make my awkwardness and my shortcomings more natural, it seemed like I was exploring a new field. And every time I tried, I could improve my shortcomings one by one. Now I can feel a freedom and joy that I had never felt before and a new world opened up to me.

13. Comparison of answers

Mathematic textbooks and problem books are presented with a sample question and answer. If we can't solve the questions because they're too difficult to solve, or if we found the wrong answer, we can refer to the sample answer to check whether or not we got the right answer. Then we can compare if there is another way to get the right answers to problems we are solving. A sample answer is helpful to solve mathematical problems effectively. However, if you always consult the sample answers instead of trying to solve problems yourself, then you lose creativity and ability to solve problems.

A similar concept to the sample answer, the reason we call people who were respectable throughout history 'Saints' is that we present them as a sample answer for our lives. But, how strange it is! While we are solving a math problem and looking at the sample answers, we see how they've been solved in a good way and we admire and learn from it. Nobody looks at the sample answer and says, 'I cannot do this.' But when it comes to Saints, people usually believe that Saints are the only ones who can live like that and they think,

'I can't, because I'm not a Saint.'

Saints would never think that only they can live like that and others can't. People who aren't Saints should respect and worship them and try to live within their own abilities in a humble way. Because Saints lived their lives that way, they thought that everybody could live the same way they did, so they demonstrated how to live through their own lives and taught people lessons.

We have to understand clearly why there's a sample answer and live a life where we learn good things from the sample answer. If you go further to find a better way of solving the problem than the sample answer, then you will live a happier life by cultivating creativity.

Case

My mentor told me this.

Science and technology have developed, why doesn't man's character develop? In the Olympics, the skills of each field are constantly renewing. But why do you think humanity of people is inferior to those of Saints? You are willing to climb Mt. Everest, the highest mountain in the world, then why do you create your own limit in your mind?

Listening to my teacher, I wanted to learn all of the good things from many Saints. Then, I was moved by words that I hadn't seen before. In [Gyeok-mong-yo-gyeol], which means "a precious article to be woken up by a young person.", that was written by Yulgok Yi I says as follows. Even though he was a man of older times, while reading his book I felt as if I were beside a truthful friend.

Thoughts in one's mind can be turned into good ones, for they do not have a set shape originally. Therefore, if you accept what you have learned and strive to study steadily, whether you are innately wise or not, you can become a wise and smart person as you decide to be. What is better and more important than being sensible and wise by trying hard with a determined mind? Why do people only blame their features and nature without practicing to be sensible and wise at all, and just say 'It's hard'? Anyone can move closer to being a good person if they bear this in mind, firmly practice it on their own, and don't give up.

Yulgok Yi I said that everyone can live a life of Saints, no matter what Saints or ordinary people. Also he said that the reason for studying is to become a right person.

In this context, it is able to understand that the mathematicians were philosophers in ancient Greece.

If you are studying to build knowledge that is not related to set up yourself rightly, you are not living the precious time your life properly.

Closing

A teacher has to know how to teach him or herself. Only then, can he or she educate students.

I'm sure that as you read this book, You may have expected lots of things that I taught students. But there are only stories that reflect my experiences and methods I used to improve my life as a teacher. So some of you may think 'Why is this 'Mathematics for a Life'?'

Presenting the contents of 'Mathematics for a Life' to students will probably only take one hour.

From then on, students will see if the teacher really lives by practicing what he or she says. In other words, students see and learn the teacher's life, not the teacher's words. Also, when I'm living by these principles, my words are strong and touching. Truthfulness is difficult to be understood only by words. When I see a person who lives truthfully in front of me, they are a good example that I can imitate. When a teacher first shows a sample of their own life, students will be able to try their own way of solving the example in their own lives by following what the teacher did. If the students can only watch, but not apply these principles to their lives, then a teacher must be able to guide them through conversations. In order to do that, teachers need to put what they know into action so that they can have a conversation about it to help the students. Teachers need to know how to teach themselves first and then they can teach the students. Both teachers and students can misunderstand what happens in class when a teacher focuses on explaining a subject well and students are only listening to it. They can both believe that the students understand the contents.

If the content is truly understood, you can verify it is really your own by being able to solve a problem by yourself. You may think that you understood and knew everything about 'Mathematics for a Life' after reading this, but you do not. Only when you apply this to your life and practice it, will it be yours and deeply understood.

You may think anyone could say this because the contents

of 'Mathematical Higher Character Education' are easy. But if you try to use this book as a goal and pledge to practice, you will find that only someone who had lived their life this way can say these words. In the beginning it takes effort, but later you live in Plus spontaneously, because you are happy because of it.

I truly hope that 'Mathematics for a Life' helps people in Korea and all over the world live a joyful life.

The merits of Mathematics for a Life

1. If we help student's character to be right, academic studies are done spontaneously. We can teach each student to have good character while studying academic subjects, so we can kill two birds with one stone.

2. Character education should be done at all times and in every place. During mathematics class, we can combine it with character education, so it provides an opportunity that enables us to teach character anywhere, anytime.

3. Mathematics is one of the subjects that is important to teach everywhere. Those who have studied mathematics know the basic mathematical concepts. So if you teach them about 'Mathematics for a Life', they get to know how to choose between what's bad for them and what's good for them in life.

4. In spite of popular term MQP (Math Quit Person), if you teach Mathematics for a Life, then they can easily understand mathematics and enjoy studying it because the concepts of mathematics is understood in their lives.

5. If the concepts are clearly organized mathematically, instead of never being a person who lies, chooses an evil choice out of selfish desire without clear values of her or his own, the correct values to live rightly can be established and we can become independent individuals who live justly without harming others and without being governed by anyone.

부록 Appendix
인생공식 Life Formulas
이상대 저
written by Lee Sangdae

"인생공식"(이상대 저)의 내용을 구체적으로 듣고 싶은 분은
[도서출판 인생]으로 문의해 주세요.

If you would like to listen to the details of "Life formulas" (by Lee Sangdae),
please contact [Life], publishing company.

인생공식

삶속의 zone 1

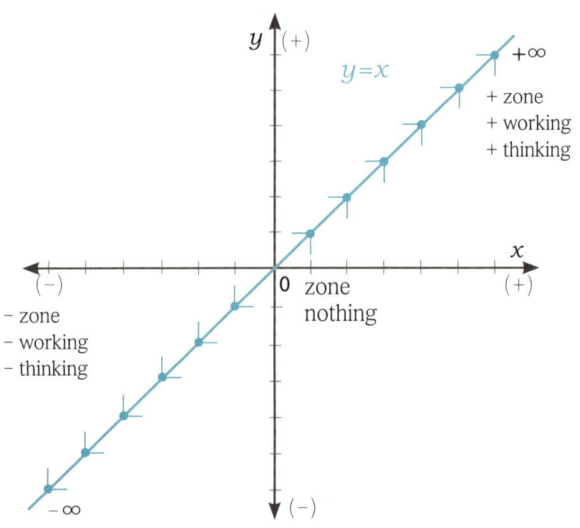

영육간에 + zone 안에서만 생각하며 성장해가는 세계
영육간에 0 zone 안에서만 생각하며 살아가는 세계
영육간에 - zone 안에서만 생각하며 변해가는 세계

zone (범위, 지대, 지역, 구역, 종교, 도덕, 윤리
  주의, 사상, 문화, 영혼, 육신 안에서만)
  생각하면서 살아간다.

그대는 어떻게 살아갈 것인가?

Life Formula

Life zone 1

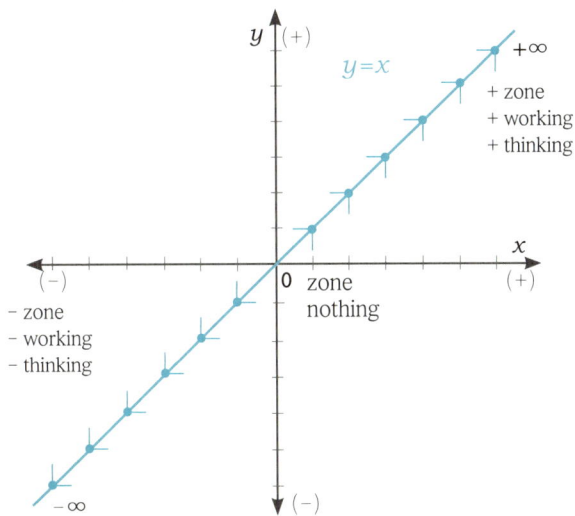

Spiritually and physically living in + Zone, is thinking and growing of the world.
Spiritually and physically living at 0, is only thinking of the world.
Spiritually and physically living in − Zone, is thinking and changing of the world.

Zone (only within ; scope, region, area, district, religion,
       belief, thought, culture, spirit, physical)
       thinking and living.

How are you going to live?

인생공식

삶속의 zone 2

글은 말을 담아서 전하는 그릇
글은 생각을 담아서 전하는 그릇
말은 마음을 담아서 전하는 그릇
진리는 마음을 담아서 전하고 소통하는 그릇이며
수학은 삶을 담아서 전하는 그릇이다.

그대의 영혼과 삶이 언제나(∞)
(+, +) 에서 살아가는 자도 있고
(+, −) 에서 살아가는 자도 있고
(−, +) 에서 살아가는 자도 있고
(0, 0) 에서 살아가는 자도 있고
(−, −) 에서 살아가는 자도 있다.

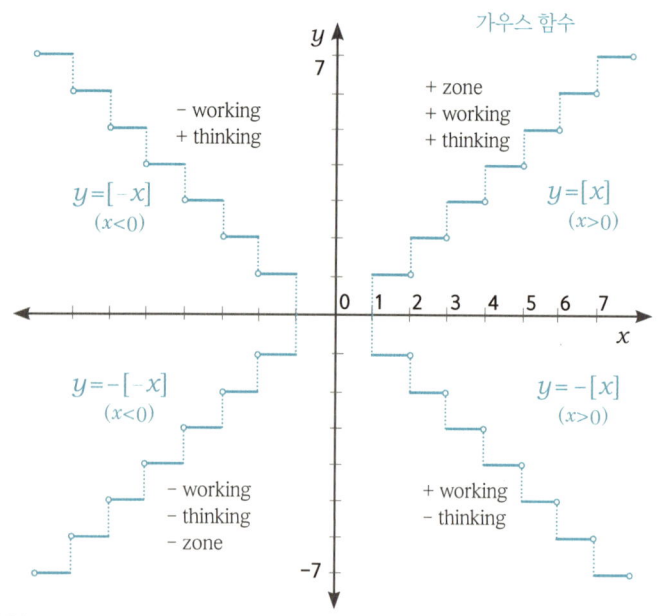

Life Formula

Life zone 2

A writing bowl can convey the message that holds speaking.
A word bowl can convey the message that holds thinking.
A speaking bowl can convey the message that holds the heart.
The truth bowl can convey the message that holds the heart for beautiful communication.
The Mathematics is a messenger bowl that holds the life which conveys to others.

Your life & spirit always(∞)
There are people living in (+ , +)
There are people living in (+ , −)
There are people living in (− , +)
There are people living in (0 , 0)
There are people living in (− , −)

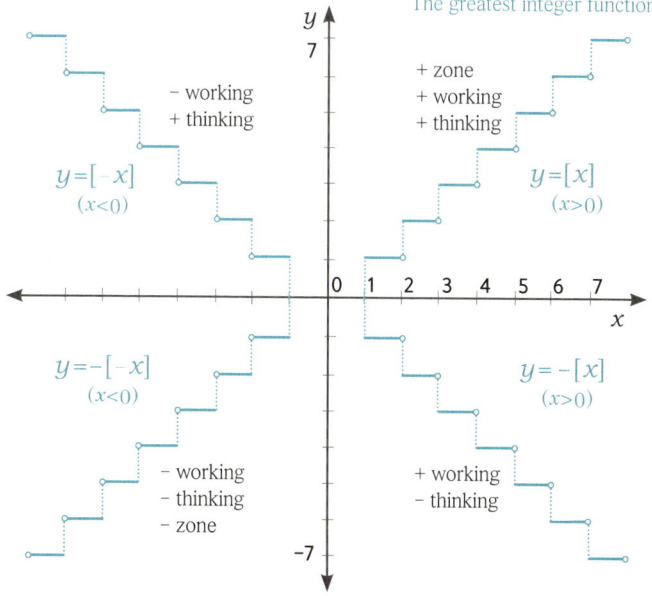

The greatest integer function

− working
+ thinking

$y = [-x]$
($x < 0$)

+ zone
+ working
+ thinking

$y = [x]$
($x > 0$)

$y = -[-x]$
($x < 0$)

$y = -[x]$
($x > 0$)

− working
− thinking
− zone

+ working
− thinking

인생공식

의식과 능력의 차이

$y = 0$

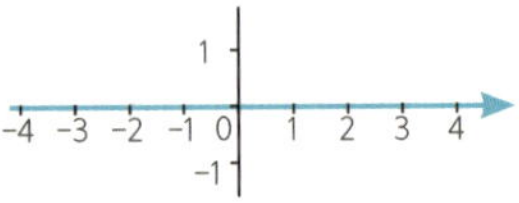

$y = \dfrac{1}{2}x^2$

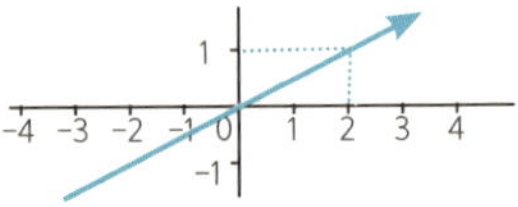

$y = x$

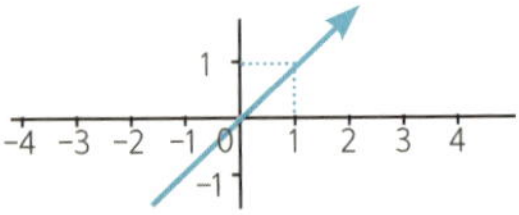

$y = 2x$

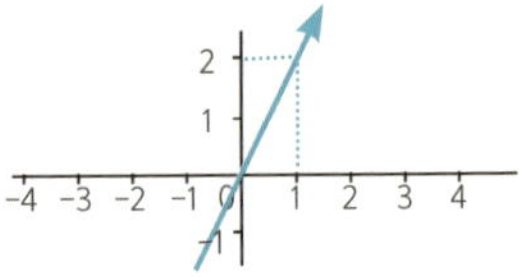

$y = 3x$

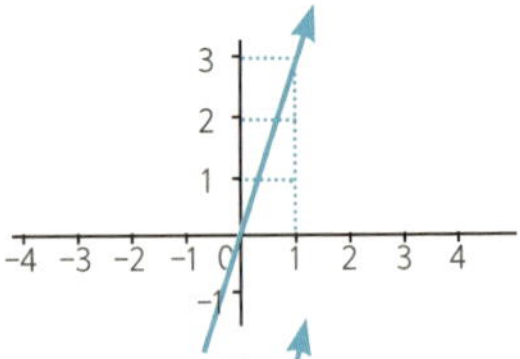

$y = 4x$

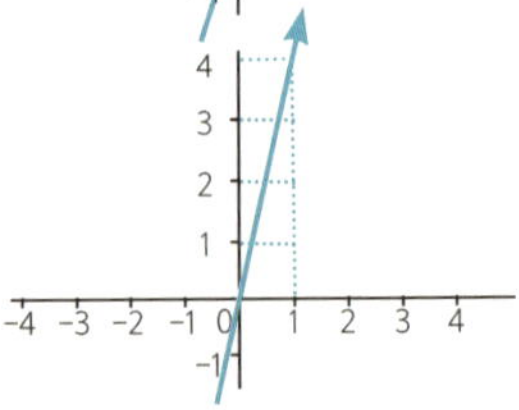

Life Formula

Many different levels of Consciousness and Ability

$y = 0$

$y = \dfrac{1}{2}x^2$

$y = x$

$y = 2x$

$y = 3x$

$y = 4x$

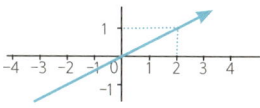

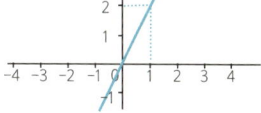
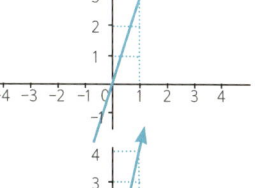
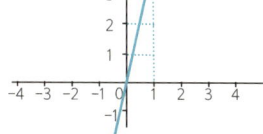

인생공식

이차함수의 생각과 삶

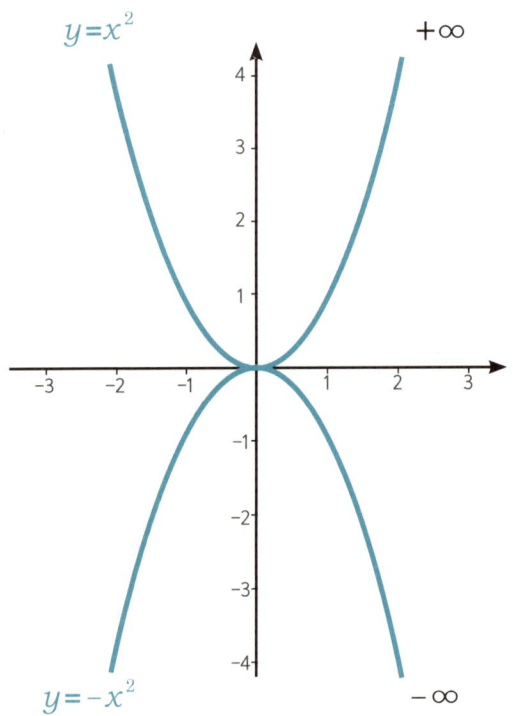

Life Formula

Quadratic function of between thinking and life

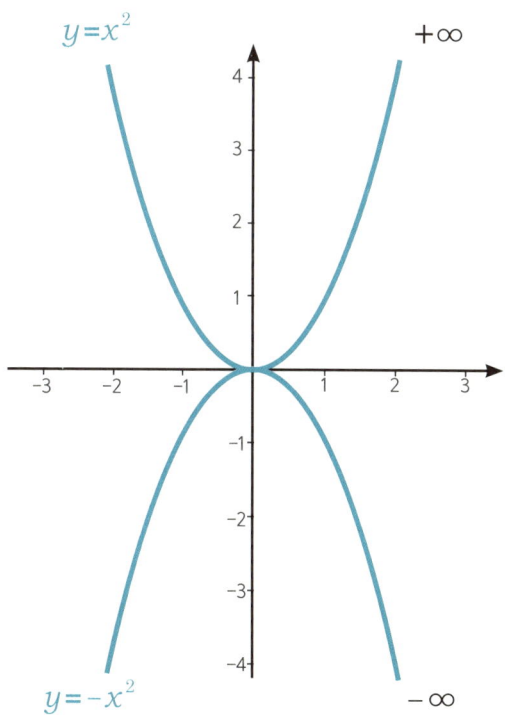

인생공식

절댓값 함수와 인생

Plus Zone

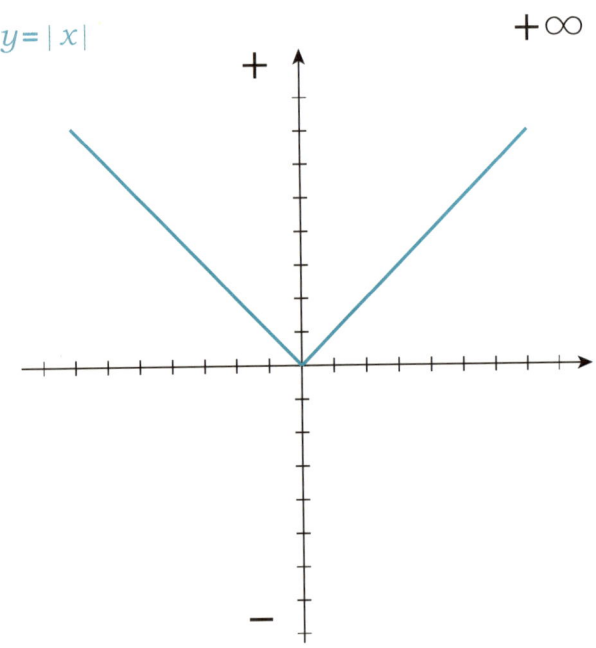

Life Formula

Absolute value function and life

Plus Zone

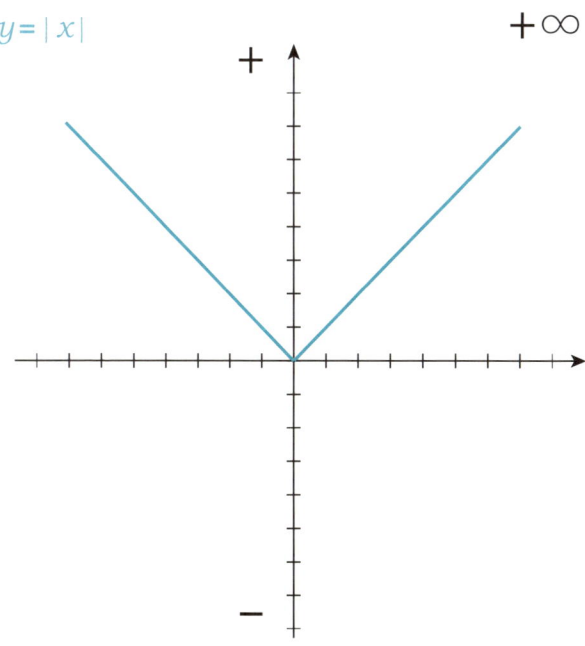

인생공식

절댓값 함수와 인생

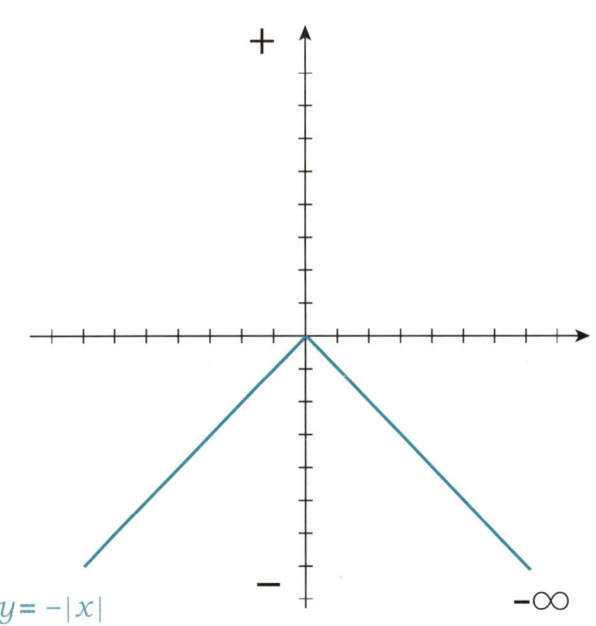

Minus Zone

Life Formula

Absolute value function and life

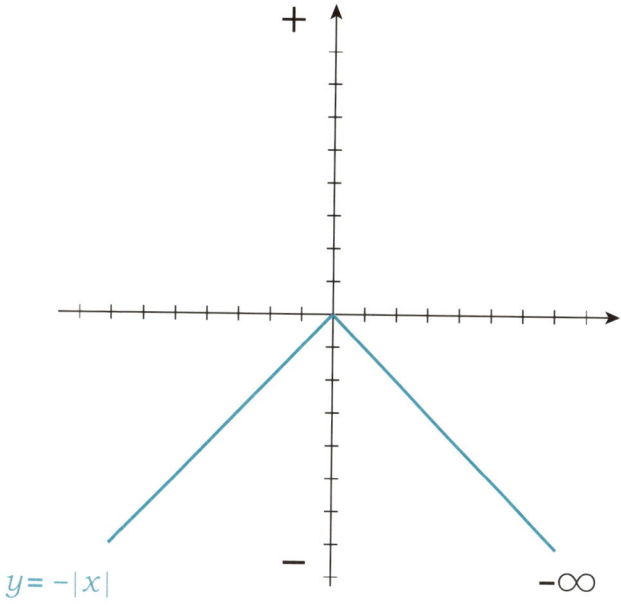

Minus Zone

인생공식

생각의 연속성과 불연속성

함수의 연속성 (자기가 좋아하는 것을 배우는 상태, 보태는 상태)
한 번도 끊어지지 않고 계속해서 삶과 생각을 지속적으로
추진해 가는 사람, 보태어가는 사람.
공부를 잘하는 사람. 일관적인 생각과 삶을 정리해가는 사람.
목적이 뚜렷함. 집중력이 뛰어남. 명철한 사람.

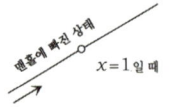

$$y = \frac{x^2-1}{x-1}$$

함수값이 없어서 중간이 뻥 뚫린 상태
어떤 사건에 부딪히면 멍한 사람
아무 생각이 없어지는 사람

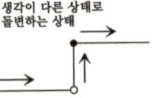

$$y = \begin{cases} 1 \ (x \geq 0) \\ 0 \ (x < 0) \end{cases}$$

함수값이 갑자기 격차가 생겨서
완전히 차원이 다른 생각을 하는 상태
의식의 차이가 나서 의식이 갑자기 돌변하는 상태

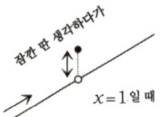

$$y = \begin{cases} \dfrac{x^2-1}{x-1} & (x \neq 1) \\ 3 & (x = 1) \end{cases}$$

함수값이 존재하기는 하지만 갑자기 다른 곳으로 정의되어
잠깐 다른 긍정적인 생각이 들어오거나 생각이 끊긴 상태
주위의 분위기와 달리 생각하고 있는 사람
갑자기 자기 생각에 빠져 있는 사람

$$y = \begin{cases} \dfrac{x^2-1}{x-1} & (x \neq 1) \\ -3 & (x = 1) \end{cases}$$

함수값이 존재하기는 하지만 갑자기 다른 곳으로 정의되어
잠깐 다른 부정적인 생각이 들어오거나 생각이 끊긴 상태

불연속성 함수. 중간에 마음이 멍한 상태.
중간에 추진력과 집중력이 없음. 기초적인 사고력 부족.
생활과 삶이 일관되지 않음. 머리가 총명하지 않음.
개념이 정리가 되어있지 않음.

Life Formula

Continuity and Discontinuity of thought

Continuity of Function (State of learning what one likes, state of watching) without discontinuity, one who continuously pushes forward oneself life and thinking. Additive person.
One who is a good academic person.
One who is organizing consistent thoughts and oneself lives.
One who has a clear goal.
One who has an excellent concentration. Bright person.

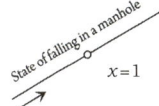

$y = \dfrac{x^2 - 1}{x - 1}$

Because there is no function value,
state of a hole gapped in the middle.
(when we encounter an incident, one who becomes dazed, become a no idea person)

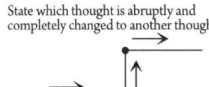

$y = \begin{cases} 1 & (x \geq 0) \\ 0 & (x < 0) \end{cases}$

Because the function value suddenly makes a gap, the state of having a entirely different dimension of thinking.
Because of the consciousness difference, the state of a sudden change of consciousness.

$y = \begin{cases} \dfrac{x^2 - 1}{x - 1} & (x \neq 1) \\ 3 & (x = 1) \end{cases}$

Although a function value exists but suddenly is defined elsewhere, for a moment, either other positive thoughts come into the mind or is disconnected thinking (One who is thinking differently from the surrounding atmosphere. one who is suddenly fallen into one's own thought)

$y = \begin{cases} \dfrac{x^2 - 1}{x - 1} & (x \neq 1) \\ -3 & (x = 1) \end{cases}$

Although a function value exists but suddenly is defined elsewhere, for a moment, either other negative thoughts come into the mind or is disconnected thinking

The function of discontinuity. In the middle of a dazed state.
In the middle of it, there is no driving force or concentration.
Lack of basic thinking skills. Living and life has no consistency.
Brain is not bright. The concept is not clear.

인생공식

불연속성과 연속성

글은 말을 담아서 전하는 그릇
글은 생각을 담아서 전하는 그릇
말은 마음을 담아서 전하는 그릇
진리는 마음을 담아서 전하고 소통하는 그릇이며
수학은 삶을 담아서 전하는 그릇이다.

+ 로 불연속이 생기느냐?
− 로 불연속이 생기느냐?

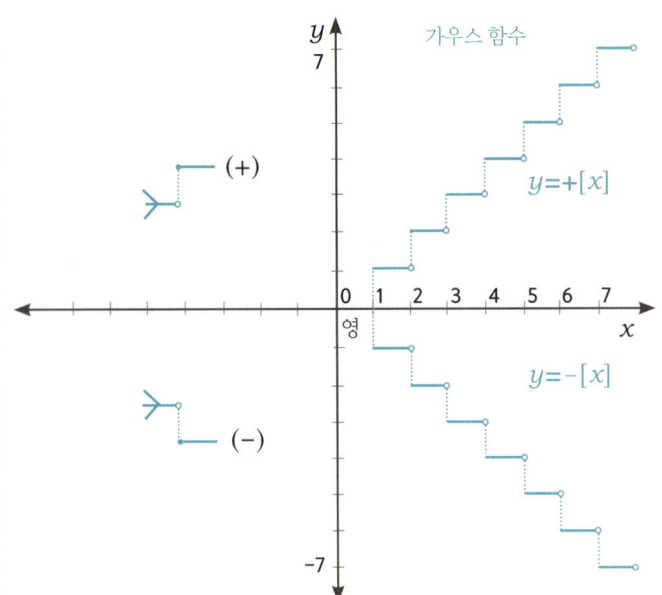

Life Formula

Discontinuity and continuity

A writing is a bowl (messenger) to convey the message that holds speaking.
A word is a bowl (tool) to convey the message that holds thinking.
A speaking is a bowl (way) to the message that holds the heart.
The truth is a bowl (messenger) to carry the message that holds the heart for beautiful communication.
The Mathematics is a messenger bowl that holds the life which conveys to others.

Does discontinuity happen in the + direction?
Does discontinuity happen in the − direction?

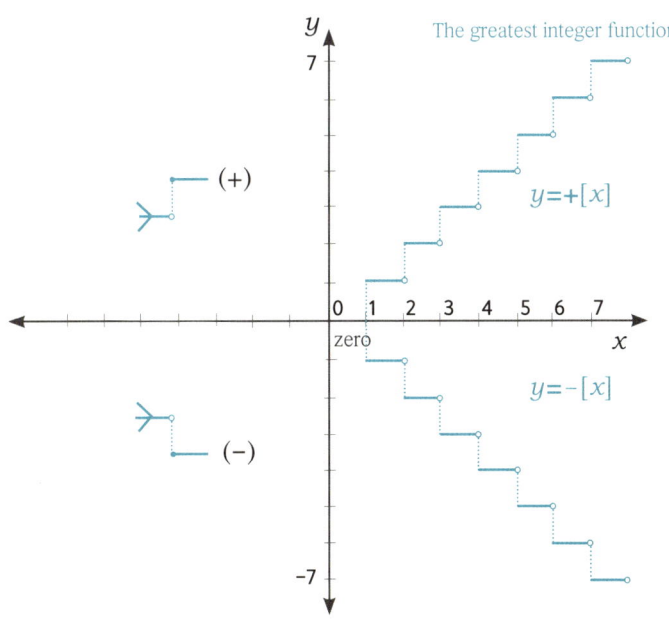

The greatest integer function

> 인생공식

생각과 삶 속에서의 미분과 적분

한 사건을 두고 생각해 보면 환경과 사건과 계기를 만날 때마다
화와 복의 근원에 들어서게 되는 교차지점에 서 있다는 것을 알게 된다.
즉 삶의 순간변화율(미분계수)이 결정되는 순간 순간인 것이다.
우리가 우리 영혼과 육신에 +가 되든 -가 되든 간에
방향을 어떻게 잡고 살아가고 있는지에 따라서 그렇게 우리의
삶의 변화율(미분계수)이 결정되는 순간임을 깨달아야 한다.

즉, 선한 사람으로 살아가겠다는 방향이 분명히 잡혀 있다면
그렇게 +의 삶으로 변화되어 +의 결과(양의 정적분)를 내며 살아가고,
사욕으로 살아가겠다는 생각이 자기 마음속에 남아 있다면
악한 사람으로 한 발자국씩 자기도 모르는 사이에 -의
삶의 변화율이 되어 -의 결과(음의 정적분)를 내게 되며 살아가게 된다.

거기에 주의와 사상과 환경과 윤리와 도덕과 종교가 하나의 촉진제로
작용하게 된다. 즉 순간변화율(미분계수)의 절댓값의 크기를
크게 하며 그에 따른 정적분의 절댓값을 크게 하는 것이다.
예를 들어 말한다면, 자기 속의 잠재된 의식(+ 또는 -)대로
주의, 사상, 환경, 윤리, 도덕, 종교 속에서 취하게 되고
영혼이 선으로 +로 방향의 미분계수를 잡은 사람은
    +로 적분을 해가고 있고
영혼이 악으로 -로 방향을 미분계수를 잡은 사람은
    -로 적분을 해가고 있다.

방향을 +, -가 어떤 것인지도 알지도 못하고
어떻게 방향을 잡아야 할지도 모르고 살아가는 사람은
환경에 따라서 변화되어 가는 사람이다. 가을 낙엽같이 +로 -로
이리저리 바람 부는 대로 따라가지 말고
찰라 찰라의 생각 생각을 진실함으로
+미분해가면서 +적분해가는 것이 $\lim_{x \to 0} \sin \dfrac{1}{x}$
참된 인생으로 살아가게 되는 것이다.
결국은 인생이 악행으로 미분 적분해 가느냐
선행으로 미분 적분해 가느냐의 문제인 것이다.

Life Formula

Differential and integral calculus are in between thinking and life

When we think about an affair,
anytime when we meet the milieu,
occurrence and motive, we can realize,
we are standing at the intersection point
where we can cause suffering to be entered or blessed.
consequently, it is the every single time to be decided
Instantaneous rate of change(a differential coefficient) in life.
We should realize the moment about either
we become + or – in our spirit and body,
depending on how we drive our life direction,
that is the moment when Instantaneous rate of change will be determined.

In other words, if we have set our mind to be a good hearted person clearly,
then we make a life be changed towards "Plus +" direction and
live a life a "Plus +" consequence(positive definite integral),
if there is any selfish-desire left over in our thinking or heart,
then unwittingly we are involving to "Minus –" direction of life,
as becoming an evil person step by step,
becoming a "Minus –" Instantaneous rate of change in life
and we live a life of Minus '–' consequence(negative definite integral).

It effects in there with belief, thought, milieu, ethics, morality,
religion as one, and then those will become a boost.
Therefore the moment absolute value of rate of change will
come out big and a definite integral will be big as well.
For example, inside of us subconsciously(+ or –) to be selected
as a belief, thought, milieu, ethics, morality and religion.

One who has set the differential coefficient toward the "Plus +" direction
with good hearted, he is integrating function toward the "Plus +" direction.
One who has set differential coefficient toward the "Minus –" direction
with evil heart, he is integrating function toward the "Minus –" direction.
One who does not even know, which direction to take "Plus +" or "Minus –"
to decide, is changed by a milieu person as fallen leaves in fall,
sometimes + sometimes–,
But, do not travel "Plus +" or "Minus –" direction by wind and
have "Plus +" differentiate and "Plus +" integral calculus
every moment of thoughts with truthful heart,
that is to have a truthful life.
When all comes to all, it is all that matters,
how our life differentiate and integral calculus by evil action
or differentiate and integral calculus by good action.

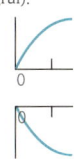

$$\lim_{x \to 0} \sin \frac{1}{x}$$

인생공식

진정한 자존심

누가 그대에게 잘못을 지적한다면
그 사람에게 섭섭하다거나 괴로워하지 말고 생각해보고 고쳐가라.
본인 자신을 한 번 돌아보라고 한 말이 아니겠느냐? '그 이유가 무엇일까?'
하고 본인 자신을 돌아보고 진정으로 자신에게 부족한 것이 있으면
그것을 고치면 본인은 한 차원 성숙한 사람이 되는 것이 아니겠느냐.

그렇지 않고 본인 자신에게 잘못이 없다면
상대방이 본인을 잘못 보고 그릇 판단한 말이므로
그 말에 대해서 개의치 않으면 그만이라고 생각하면 되고,
상대방이 자기 생각대로 말하고 있구나 생각하면 되는 것이다.

그러나 자기의 잘못을 고치거나 개선하고자 하지는 않고
상대방의 말에만 섭섭하다거나 미워하거나 원망만 하고 있는 사람은
인생의 밑바닥 의식을 벗어나지 못하는 사람인 것이다.
또한 교만하거나 자존심이 강하여 자기 마음 속으로 깊이 받아들이지 않고,
아무런 반응(생각)도 하지 않으려는 자나 변명하거나 받아 넘기는 사람은
그 사람의 의식이 더 이상 성숙하지 못하는 자리에 머물러 있는 사람이므로
자신도 고생의 길이 끝나지 않는 것이다.
이와 같은 사람과 함께 하면 할수록 남을 실망케 하는 사람이므로
진실한 친구가 그 사람의 곁에는 없게 되는 것이다.

상대방의 하는 그 말이 내가 듣기 싫고 부담스럽게 생각되는 것은
내가 그 곳에 있기 때문이 아니겠느냐?
내가 그곳에서 벗어나면, 그 말과 상관이 없으면, 듣기 싫거나 거북하지 않겠지?
또한 그 허물을 가지고 있는 사람이 억지로 듣기가 싫어서 그 말을 외면하고
회피하더라도 계속 그 허물을 가지고 있기에 어리석은 사람이겠지.

본인이 제일 듣기 싫은 그 말의 원인을 고치게 되면, 상대방이 아무리 그 말을
하고 있어도 나는 상관이 없으면, 그 말이 천만번 지당하다고 생각되지 않겠느냐.
그 허물을 고치지 않고는 언제나 어느 곳에 가든지 그 말을 또 듣게 되는 것이다.
그것이 자기 어리석음을 벗어나지 못해서
항상 불행의 원인을 불화의 원인을 자기 자신이 가지고 다니는 사람인 것이다.

그래서 나는 어떤 사람들이 나의 허물을 먼저 알아서 내게 가르쳐주는 것을
싫어한 적이 없이 도리어 '감사합니다' 하고 '고치겠습니다' 라고 한 적이 있다.
내가 나의 허물을 먼저 찾아서 고쳐가는 사람이었기 때문인 것이다.
나는 상대방이 내게 거짓말 속이지 말라는 말을 듣기 싫어서
내가 먼저 고쳐가는 사람이었다.
이것이 진정한 나의 자존심이다.

Life Formula

True Pride

If someone points out your shortcomings,
be neither disappointed about him nor be tormented by his remark,
rather mull it over and go on to correct it.
Isn't that his words it would be for you to reflect on yourself?
'What is the reason for that?' like that, reflect on yourself and, If I definitely have lacking, correct them, then don't you think you can become a mature person one step further than before?

If not, I have nothing wrong.
Because he got the wrong end of the stick about it and spoke to me
with his inexact thought, just be indifferent about that words,
think like this, "he is just speaking on his own terms".

But without attempting to correct or to enhance one's lacking,
a person who is be disappointed, hates or blames only other's words is
one who can not be free from the consciousness of going downward in life.
And a person who is arrogant or prideful, without adopting other's words into innermost of his heart and a person who does not want to have any responses(thinking), making excuses or playing with words, that person,
since this type of person's consciousness stays in a state, no longer can be matured, even his path of torment never does end.
As much as being with this kind of person, he will disappoint others.
Hence, he has no truthful friends.

That words from others, if what I feel burdensome and I do not want to hear them, isn't that because of myself to be associated with that word?
if I can be free from that connection, If the words have nothing to do with me,
I have no reason to be uncomfortable to hear that nor awkward, right?
Furthermore, a person who has a fault,
because he doesn't want to hear in force and avoid the words.
because one still carries the fault, even if he avoided it, he will be a fool.

If you correct the cause of the word from others you do not like most,
no matter how others are talking about it, I have nothing to do with it,
and you will think that words are over time repeatedly perfectly reasonable.
You do not correct the fault, even though wherever you go, the pointed out words will follow you.
That is because oneself can not be free from his folly.
Invariably he is one who is with the cause of sorrow and cause of discord oneself.

Consequently, I have told a person who found my shortcomings first and
who let me know about it, I have never hated rather to appreciate as 'Thank you' and then I said 'I will surely correct it.', I have done that.
Because I am the one who finds and corrects foremost my shortcomings.
Since I do not want to hear from others to tell me, not to lie or deceive,
I am the one who has to correct it in advance.
That is my true pride.

인생공식

교만의 폐단(-)

교만이란 무엇인가
아무도 올려주지 않았는데 자기 스스로 높은 곳에 올라가서
내려오지 못하는 것이다.

교만의 폐단은
남의 말을 귀담아 들을 줄 모르고
자기 성숙이 멈추어 있는 사람
자기 생각의 감옥 속에서 살아가는 사람
자기보다 잘났다고 생각되는 사람의 말만 듣고
항상 가르칠 것을 먼저 생각하고 배울 줄은 모르는 사람
상대방을 만날 때마다 자기를 비교우위에 둘 생각만 하며
상대방과 하나 되는 선한 친구 될 줄은 모르는 사람
남의 잘못만 보이고 자기 잘못은 볼 줄 모르는 사람
본인 부족은 쉽게 잊어버리고 남의 비방할 것만
언제나 기억하며 찾는 폐단이 있는 사람

그런데 남의 잘못은 정확하게 파악하고 있어서
배우고자 하는 자에게는 그만한 좋은 선생은 없는 것이다.
심지어는 진리도 남의 우위에 있기 위하여 활용만 하니
자기 자신의 아름다운 삶과는 거리가 멀게 되어
교만과 오만이 밖으로 드러나서 만나는 사람마다
거부감이 느껴지게 함을 자기 자신은 모르고 있는 것이다.

이래도 교만을 택하겠는가?
상대방보다 잘났다고 하고 있는 내 마음이 보이거든
겸손하게 돕는 마음으로 돌이키라.
상대방보다 우위에 두고 있는 내 마음이 보이거든
공경하는 마음으로 돌이키라.
그러면 배우는 기쁨을 맛보게 되는 새로운 세계가 열릴 것이다.

Life Formula

The negative effects of arrogance(-)

What is an arrogant person?
One who has not been lifted up, but one who went high by himself
and cannot come down.

The curse of arrogance;
is not to listen attentively.
One who is stalled in spiritual growth.
One who imprisoned in his own ideas.
One who listens to only someone who is in higher position.
One who teaches before he learns and never learns from others.
One who always values himself more than others.
One who does not know how to be a true friend.
One who sees the faults of others but not his own.
One who forgets his own shortcomings, but
always remembers and finds those of others, to evil effect.

He grasps others faults clearly.
For learning person, he is the best of teachers.
He takes advantage of his learning, truth, to exalt himself above all others.
That has nothing to do with making his own life beautiful.
His arrogance and overweening behavior is obvious to others.
He is unaware that he is unwelcome to others.

Would you want to be an arrogant person?
When I feel : "I am higher than others"
Rather, choose to have a helpful heart in a humble way.
If I see my mind as higher than that of others,
Change your mind with respectful heart. Then you will
be able to experience a new world that is joyful with learning.

> 인생공식

겸손의 이익(+)

겸손이란 옳은 것을 배우고자 하는 마음인 것이다.
겸손을 행하는 자에게 이로움이 없다는 것은
진정한 겸손이 아닌 것이다.
겉모습만 취하는 처세술인 것이다.

겸손하면 사람들을 만날 때마다
옳지 않으면 옳지 않은 대로 배울 것이 있고
옳으면 옳은 대로 얻을 것이 있다.

그릇을 상대방의 그릇 아래에
겸손하게 가져가면
자기가 힘써서 배운 것을 다 부어준다.
이것을 두고 주역에서
두 그릇이 만날 때에
큰 뜻이 있다 라고 하였다.

교만

겸손

들으려고 하는 마음을 갖춘 겸손한 자에게는
가르치려고만 하는 교만한 자만큼 큰 스승은 없는 것이다.
가르치려고만 하고 들으려고 하지 않는 교만한 사람은
일생을 손해만 보고 사는 자이다.

남을 도우면서 자기 생색을 내고 있는 것을 보면서
나는 남에게 생색을 내지 않을 것이다 라고 배웠고
남의 잘못을 보면서 비난, 무시, 멸시하는 것을 보면서
나는 누구도 비난, 무시, 멸시하지 않을 것을
다짐하면서 살아왔다.
이것이 누구와도 함께 하면서 겸손으로 배워가는 것이었다.
나는 이러한 겸손으로 배워온 것이다.

Life Formula

The benefits of being modest(+)

Modesty is the willingness to learn.
If you appear to be humble but do not pursue learning,
That is not true Modesty.
You have only the appearance of Modesty.

When we are truly modest, every meeting with someone is a lesson.
We can learn from those in error and
and we can learn from those who are truthful.

Modestly hold your bowl
under another's bowl and
his hard-won learning will flow into your bowl.
The Book of Changes (ancient Chinese book) says,
When two bowls meet,
there is a great message.

Arrogance

Modesty

A modest person who listens to others;
An arrogant person is the best teacher for the modest person.
The arrogant person who teaches others but does not hear them,
He is a loser all his life.

When I see someone helping others but taking credit for himself,
I learn from him: "Do not take credit for myself."
When I see a person who blames
and disdains and snubs others by finding fault with them,
I have decided all my life, not to blame, disdain or snub with anyone.
These were lessons by modesty with all kind of people.
I have been learned with this modesty.

인생공식

공부법 1(+)

학문적인 공부뿐만 아니라
사람이 살아가는 공부도 있다.

하기 싫은 것 해보는 것도 공부고
듣기 싫은 것 들어보는 것도 공부고
일하기 싫은데 일해보는 것도 공부고
참기 어려운 것을 참는 것도 공부이고
힘든 것 해보는 것도 공부고

가고 싶은 곳 가지 않는 것도 공부고
먹고 싶은 것 다 먹지 않는 것도 공부고
가지고 싶은 것 다 가지지 않는 것도 공부고
보고 싶은 것 다 안보는 것도 공부고
하고 싶은 것 참아보는 것도 공부고
입고 싶은 것 참아보는 것도 공부고
자고 싶은 것 참아보는 것도 공부고
놀고 싶은 것 참아보는 것도 공부고

함께하고 싶지 않은 사람과 함께 해보는 것도 공부고
보기 싫은 사람과 함께 해보는 것도 공부고
말하기 싫은 사람과 함께 말해보는 것도 공부고
사랑하기 싫은 사람을 사랑해보는 것도 공부고
용서하기 싫은 사람을 용서해보는 것도 공부고
이해하기 싫은 사람을 이해해보는 것도 공부고
배려하기 싫은 사람을 배려해보는 것도 공부고
공경하기 싫은 사람을 공경해보는 것도 공부고
돕기 싫은 사람을 돕는 것도 공부고

일생을 살아가는데 어찌 내 마음에 맞는 사람만 만나겠느냐?
옛말에 하룻길을 가는데 개도 보고 소도 본다고 하였다.

Life Formula

Principle of Learning 1(+)

There is not only a scholarship task
but also learning about the way to live a life is a task.

Undertaking a task you dislike is learning.
Listening to sounds you dislike is learning.
Trying to work at tasks you dislike is learning.
Putting up with the intolerable is learning.
To undertake the difficult task is learning.

Not going where you want to go is learning.
Not having something that you want to eat is learning.
Not possessing what you want is learning.
Not seeing all that you want to see is learning.
Enduring what you wanted to do is learning.
Not having clothes that you want to wear is learning.
Not sleeping when you want to sleep is learning.
Wanting to play but having to work is learning.

Trying to be with someone you don't want to be with is learning.
Trying to be with someone you don't like is learning.
Trying to talk to someone you dislike is learning.
Trying to love someone you don't want to love is learning.
Trying to forgive someone you don't want to forgive is learning.
Trying to understand someone you do not wish to understand
     is learning.
Trying to be considerate of someone you don't want
     to be considerate of is learning.
Trying to respect someone you do not like to respect is learning.
Trying to help someone you don't want to help is learning.

In real life, how can I meet only my favorite people?
An old saying goes, "walking a day we can see the dogs and cows."

인생공식

문제를 점검하는 자세

문제를 문제시할 줄을 모르는 자의 두뇌는
명철해지지 않는 사람
문제를 문제시하기만 하고
그 문제를 해결하고자 하지 않는 자의 두뇌도
언제나 명철해지지 않는 사람

문제를 보고도 회피하고 있는 자의 두뇌는
어두움의 현재진행형
문제를 보고도 남들이 해결해주기를 바라는 자는
이 사람도 어리석음의 현재진행형인 나태안일형
문제를 보고도 부정과 불만으로 해결하고자 하는 자는
바보들의 현재진행형
문제를 선한 지혜로 해결하고자 하는 자는 그 앞에
행복의 진리의 문이 열리게 된다.

핑계를 댄다고 그 문제가 내게서 해결되는 것도 아니고
변명을 한다고 그것이 내게서 해결되는 것도 아니며
회피한다고 그 문제가 해결되는 것도 아니며
생각을 안다고 그 문제가 없어지는 것도 아니며
언제나 한 번은 정면승부를 해서 내가 그것에서 승리를 해야만
그 일은 끝이 나는 것이다.

문제를 통해서 그 문제를 푸는 것뿐만 아니라
문제의 개념을 알아서 내 삶을 정리해야 한다.
그래야 다음에 닥쳐오는 문제들을 제대로 풀어갈 수 있게 되고
그래야 변형된 문제가 닥쳐오더라도 당황하지 않고
항상 제대로 풀어갈 수 있게 된다.
즉 문제를 풀어가는 개념과 공식을 알아가야 인생이 즐거워진다.

Life Formula

Checking problem attitude

One who does not analyze a problem as a problem
is not becoming brighter.
One who can inspect the problems
but does not look for the solutions,
as well, one's brain does not sparkle consistently.

One who even though he can see the problems
but he is evading the problems is in darkness of present progressive.
One who sees problems but he is expecting others
to solve the problems,
is equally present progressive,
typical a slothful and complacency type.
One who finds problems but looks for the solution with gripe
and dishonesty is the present progressive type of pack of fools.
One who is looking for the solution with good-hearted wisdom,
the door of truthfulness and happiness
will be opened ahead in one's way.

By using excuses, all the problems will not be resolved by myself.
And because you can explain well, the problems will not be solved.
And the problems certainly will not be resolved by avoiding them.
Simply not thinking about the problems will not make them disappear.
Always, at least once, I have to face the problem,
eventually when I surmount that, then everything will be over.

Through the problem,
I will not only resolve the problem but also further more,
I should understand the concept and organize my life.
Only if we do that, we can resolve the future problem properly
and also if there is any similar things happening, without panic,
rather I have a solution to the problems in a proper way.
Thus, only by knowing the concepts and
formula to solve the problems, makes our life joyful.

> 인생공식

내 농사를 짓자는 것이다

평생토록 남의 농사짓고 있는 사람
남의 삶을 간섭만 하지 말고
네 농사지어서 소득 본 것을 내어 놓아보아라. 말해보아라.

평생토록 남의 농사짓는 것 간섭만 하고 말 것인가?
평생토록 남의 농사짓는 것 시시비비할 것인가?
내 농사도 지어보아야지. 내 밭의 잡초도 뽑고, 씨도 뿌리고
내 밭을 잘 가꾸어서 풍성한 열매들을 얻어야지.

남의 농사 지어본 것 배우기만 하면 내 농사 지어지느냐?
남의 농사 지어본 것
   듣기만 하면, 외우기만 하면
   기록하기만 하면, 생각하기만 하면
   찬송하기만 하면, 염불하기만 하면
   기도하기만 하면 내 농사 지어지느냐?

속지 말라. 이것들은 바보들이나 하는 것이다.
역사 이래로 아무 진전이 없는 바보짓인 것을
어찌 깨닫지 못하느냐?

남의 농사만 짓는 사람들의 삶이
바로 지식적인 삶이고 지적인 삶이며
   관념적인 삶이고
   지식은 지식대로 삶은 삶대로 따로 하고
   생각은 생각대로 삶은 삶대로 따로 하는 것이다.
스스로 자신에게 속고 있는 것을 모르고 있는 사람들이다.

장날 소시장에 가득 차 있는 소들은
아무리 좋아보여도 다 남의 것이고,
내 것은 내가 댓가를 지불하고 산 것 뿐인 것이다.

Life Formula

I mean "Let's run my own farm"

One who runs another person's farm all one's life,
Why don't you stop interfering with others's lives,
Show me your profit, lesson, by running your own farm. Tell me.

Are you going to interfere with other's farming all your life?
Are you going to work for right or wrong on another's farm your whole life?
I should run my own farm. Pull out the weeds from my farm
and sow seeds in my field.
I should cultivate well my farm and must harvest an abundant crop.

If you learn only another's farming, does that make myself a farmer?
Other's farming;
If I only listen, if I only memorize
If I only record, if I only think
If I only praise, if I only chant to Buddha
If I only pray to God, how can I farm for myself?

Do not be fooled. This is for only foolish people.
As far back as history, foolish things do not include advancement,
how come you do not realize this?

The life of people who farm for others only;
Just a knowledgeable life,
Ideal life,
Knowledge is knowledge but life is life,
Thinking is thinking but life is life,
Those who do not know about being fooled by themselves.

Market day, full in the market of cattle,
no matter how good looking it is, they are not mine,
only mine is the one that I already paid for.

The Introduction of the Author of Life Formulas

Lee Sangdae (born in 1936)
- Founder and Advisor of "Perfect One World Education Center"
- Authored works
  - "Educational Methodology for the New World Order in the 21st Century" (1997)
  - "Perfect One World conversation method" (1997)
  - "Educational Methodology for the New World Order in the 21st Century" 2nd edition (2013)

People who helped translate

Shin Hyunsook
(Director of an English academy)

Richard Mckinley
(Graduated from Department of English Literature of Harvard Univ. / High school teacher)

William Weiss
(New York Univ. Graduate school of Mechanical Engineering)

Myoung Weiss
(Korean-American / Practitioner of Higher Character Mathametical Education)

Jun Jaekwan
(Vice director of an English Academy)

Tetsuo Kaieda
(Lt Col, USAF)

Lewis Smith
(English instructor in Korea)